EL LENGUAJE DEL
AMOR

EL LENGUAJE DEL
AMOR

MEGAN TRESIDDER

CON ILUSTRACIONES DE EMMA TURPIN

BLUME

Título original:
The Language of Love

Traducción:
Maite Rodríguez Fischer

Coordinación de la edición en lengua española:
Cristina Rodríguez Fischer

Primera edición en lengua española 2004

© 2004 Naturart, S.A. Editado por BLUME
Av. Mare de Déu de Lorda, 20
08034 Barcelona
Tel. 93 205 40 00 Fax 93 205 14 41
E-mail: info@blume.net

© 2004 Duncan Baird Publishers, Londres
© 2004 del texto Megan Tresider
© 2004 de las pinturas de las páginas 2, 8-9, 22, 37, 48, 60-61,
66-67, 75, 102-103, 106-107, 110, 111, 134, 156-157,
188-189, 210, 229, 241-242 Emma Turpin

I.S.B.N.: 84-8076-529-1

Impreso en Tailandia

Todos los derechos reservados. Queda prohibida la
reproducción total o parcial de esta obra, sea por medios
mecánicos o electrónicos, sin la debida autorización del editor.

CONSULTE EL CATÁLOGO DE PUBLICACIONES *ON-LINE*
INTERNET: HTTP://WWW.BLUME.NET

Los autores y editores agradecen a Sebastian Verney su
permiso para utilizar una adaptación de su dibujo en la
ilustración de la pág. 43.

CONTENIDO

INTRODUCCIÓN	8
LA ANATOMÍA DEL AMOR	22
El origen del amor	24
El encuentro de las almas	26
El anhelo de la unión	29
Amor erótico	30
La psicología del amor	34
Carpeta	40
Carpeta	42
Amor y belleza	44
Amor y virtud	47
Amor y amistad	51
Ilusión y realidad	55
Amor y soledad	59
Carpeta	62
Carpeta	64
DIMENSIONES DEL CORAZÓN	66
Síntomas del amor	68
El primer amor	71
Las dudas del amor	74
Necesidad y protección	78
Amor no correspondido	80
Amor y celos	83
Triángulos amorosos	86

Contenido

Carpeta	*88*
Carpeta	*90*
Amor y locura	*92*
Amor y risas	*95*
Amor duradero	*98*
Amor perdido	*101*
Carpeta	*104*

EL LENGUAJE DEL AMOR *106*
La mirada del amor *108*
Público y privado *112*
La música del amor *114*
La danza del amor *116*
Los alimentos del amor *119*
Carpeta *122*
Amor en clave *125*
Tarjetas de san Valentín *128*
Los mensajes de las flores *131*
Símbolos de amor *134*
Carpeta *138*
Carpeta *140*
El cortejo *142*
La propuesta de matrimonio *145*
El anillo *149*
La boda *152*

ARQUETIPOS DEL AMOR *156*
El dios del amor *158*
Diosas del amor *161*
Amor y magia *165*

El poder de la belleza	*168*
La cortesana	*172*
La imagen del deseo	*176*
La virgen y el unicornio	*178*
La bestia adorada	*181*
El obstáculo	*183*
La prisionera en la torre	*188*
El caballero	*191*
Jardines de los sentidos	*195*
La rosa mística	*199*
El beso	*203*
Carpeta	*205*
La noche de amor	*206*
El donjuanismo	*209*
El propio reflejo	*214*
La devoradora	*218*
La tentadora	*222*
La promesa rota	*224*
La riña	*228*
La despedida	*232*
Morir de amor	*234*
Uno y sólo uno	*238*
El mundo perdido	*242*
Índice	*247*
Agradecimientos de los textos	*252*
Créditos de las ilustraciones	*254*

Contenido

Introducción

Ah, el amor es esa cosa tortuosa,
nadie es lo suficientemente sabio
para conocer todo aquello que contiene.
W. B. YEATS (1865–1939), «BROWN PENNY»

El amor es la más compleja e importante de todas las emociones humanas. Desafía a cualquier definición, pero dada su grandeza y su poder imaginativo sobre la vida puede ser a la vez creativo y destructor, hermoso y aterrador.

El amor es más que simplemente afecto, aunque el mismo término se emplea con frecuencia para describir ambas emociones. Tiene muchos misterios y adopta muchas formas: el anhelo de un asceta por el espíritu divino o por lo absoluto; el amor entre padres e hijos o entre hermanos y hermanas; el vínculo entre dos amigos que se estiman; el bienestar perdurable entre una pareja que se ama incluso cuando el deseo sexual ha menguado. Todos estos ejemplos son manifestaciones de amor profundo, aunque hay quien afirma que unos son más fuertes y permanentes que la pasión romántica. Para entender el amor,

INTRODUCCIÓN

sería preciso observar todas sus manifestaciones y las misteriosas conexiones y superposiciones que se producen entre sí. Sin embargo, en el núcleo de este libro, al igual que en el centro de la imaginación humana, se encuentra el amor erótico.

En cierto modo, todas las formas de amor verdadero son eróticas si implican algún tipo de deseo. La palabra griega *eros*, o «amor-pasional», describe el deseo inconfundiblemente sexual de fusionarse con aquello que parece que nos falta. Este amor se renueva a sí mismo con cada generación, a pesar de los numerosos textos que documentan sus consecuencias frecuentemente trágicas. El amor infeliz, el amor frustrado, el amor maldito o el amor perdido son temas dominantes en las novelas, los dramas, el ballet clásico, la ópera y el cine. La religión, la filosofía y la psicología a menudo parecen desconfiar del irresponsable frenesí propio del amor pasional, pues dan un mayor valor a las relaciones personales más templadas o a un amor más difuso hacia la humanidad o hacia un dios.

Sin embargo, no resulta difícil comprender por qué el amor pasional tiene un atractivo tan irresistible. Es fascinante porque promete una feli-

INTRODUCCIÓN

cidad que no es moderada, sino extraordinaria. Bajo la influencia del amor, el mundo parece completamente diferente. Las cargas mundanas de la vida cotidiana aparentan ser infinitamente más ligeras. Ver o tocar al otro embriaga y la idea de volver solo al mundo ordinario es casi intolerable.

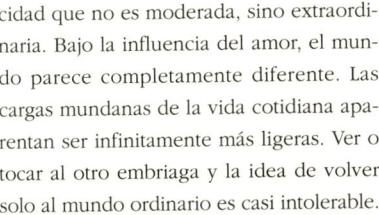

Este libro repasa algunas de las ideas más significativas sobre la naturaleza del amor, e identifica los arquetipos fundamentales que inconscientemente influyen en el comportamiento humano. Analiza las muchas facetas del amor y el siempre cambiante lenguaje del flirteo, del cortejo y la consumación. Y, por encima de todo, es un elogio al amor erótico, apasionado y romántico, como si en éste radicara una transformación mágica.

El amor moderno es el resultado de una asombrosa mezcla de rituales, modas, leyes y costumbres. Las teorías filosóficas, así como las prohibiciones religiosas han contribuido a su definición, al igual que los modelos literarios. Comparado con casi cualquier otro período de la historia, el amor nunca se ha considerado tan despojado de restricciones sociales como en la actualidad.

Esto no significa que hoy en día sea más fácil enamorarse o mantener una

En el siglo XIX, las bodas se celebraban después de un período de cortejo habitualmente prolongado y formal. Esta ilustración de *La mode illustrée* muestra a una novia probándose un vestido.

pasión romántica estable. Lo contrario, en cambio, sí podría ser cierto. La historia del amor ha mostrado de forma repetida que el deseo se incrementa positivamente en función de los obstáculos y las demoras, las separaciones y las reglas del cortejo. La eliminación continuada de estas reglas ha modificado profundamente la naturaleza de las relaciones humanas en el seno del mundo occidental.

A lo largo de los años se han mantenido desacuerdos fundamentales no sólo sobre el motivo que hace que uno se enamore, sino también sobre si el concepto romántico del enamoramiento es «amor verdadero», después de todo. Otra forma de amor que tradicionalmente aparece en un lugar más destacado en la escala moral es lo que los griegos llamaban *agape*, amor por la humanidad. A menudo, se relaciona con el ideal del amor cristiano, ya que mira más allá de los propios deseos o las necesidades y está en relación directa con las necesidades de los demás.

La nobleza de esta forma de amor es indiscutible. Coincide con lo que los cristianos conocen como el «regalo del amor» de

INTRODUCCIÓN

Dios, y esto implica un acto consciente de libre albedrío, una elección. El amor apasionado, por otra parte, parece no ofrecer elección alguna. Simplemente es algo arrollador que brota como una fuerza inconsciente o instintiva que no es posible resistir. Eros era la personificación griega de esta fuerza.

El contenido sexual de *eros* siempre ha sido objeto de discusión por parte de los filósofos y aún causa recelo entre los psicoterapeutas que tienen que enfrentarse a los problemas que puede crear. Con frecuencia, en la historia del amor se ha trazado una rígida división entre *eros* y *agape,* como si el amor sexual y el desinteresado no pudieran coexistir.

En Europa, a finales de la época medieval, la Iglesia dirigió su atención hacia las enseñanzas de san Pablo, que se basaban en una distinción entre la unión espiritual y la física. Este punto de vista antierótico dio poco impulso al amor secular; como consecuencia, la virginidad y la castidad fueron ensalzadas por encima del matrimonio.

El concepto de amor cortés, en el que un amante ofrece su corazón a su dama, se desarrolló en la Francia medieval. Su influencia perdura en la actualidad en muchos mitos y romances. En este tapiz del siglo XVI, un pretendiente lee un poema de amor a su dama en un jardín lleno de símbolos.

Aunque la mayor parte de las filosofías del mundo reconocen que el amor es una emoción con múltiples facetas, las religiones orientales consideran desde hace mucho tiempo que el amor puede desempeñar un papel muy importante en la felicidad espiritual. Algunas tallas de elevado contenido erótico, como las representaciones de las proezas sexuales de Krishna y la *gopi* (lechera) Radha, decoran las fachadas de algunos templos hindúes, mientras que la unión sexual y espiritual de Siva y Parvati constituye la base de las filosofías tántrica y shakta.

En un período de humanismo renovado, los artistas y los escritores del renacimiento europeo erradicaron la idea de que el amor sexual era incompatible con el sagrado. Describieron el amor entre los hombres y las mujeres como una emoción gozosa y transformadora, que a su vez honraba a una autoridad divina y natural.

La mayoría de los autores modernos que han escrito sobre el amor creen que *eros* y *agape* no sólo son reconciliables, sino que uno puede surgir del otro. El amor romántico puede convertirse en la amistad amable del amor maduro, al tiempo que se conserva la carga pasional que lo inspiró originalmente.

En esta pintura italiana del siglo XV, el triunfo de la diosa Venus es venerado por seis amantes legendarios: Aquiles, Tristán, Lancelot, Sansón, Paris y Troilus.

INTRODUCCIÓN

La historia demuestra que el amor pasional es un trofeo que no se gana fácilmente. En el fondo se encuentra el riesgo del error, la desilusión o el tormento. Los amantes jóvenes asumen el gran riesgo del amor no duradero porque para ellos enamorarse frecuentemente forma parte del proceso de descubrimiento de uno mismo.

La idea de poseer a la persona amada aparece más tarde, y el riesgo de la pérdida es entonces aún más doloroso, a menos que los amantes puedan distanciarse de su egoísmo. El egoísmo siempre es un componente del enamoramiento. Se desea adorar a otra persona, pero también se quiere que este sentimiento sea recíproco. El que el propio amor no se vea correspondido es

El *Amor sagrado y profano*, de Tiziano, pintado alrededor de 1515, es una representación irónica de la creencia medieval de que el amor secular es una emoción de rango inferior. El artista pintó a la Venus divina desnuda, y a la terrenal vestida, con lo que reconocía el potencial erótico de la ocultación.

La historia del dios hindú Krishna y la *gopi* (lechera) Radha es uno de los romances indios más interesantes. Este cuadro representa a Krishna caminando por una arboleda con su amada Radha. En la esquina inferior izquierda, ella unge con delicadeza los pies de su amado.

muy angustioso. Ser amado y perder ese amor es una agonía. Es, precisamente, la combinación de alegría y pesar en el amor lo que continuará obsesionando a la imaginación del hombre.

En las sociedades occidentales, muchas de las antiguas restricciones y los rígidos códigos de conducta se diseñaron para evitar que las mujeres tuvieran hijos fuera de la seguridad de un matrimonio «adecuado». Cuando cambió el patrón de las relaciones sexuales, los métodos de contracepción también alteraron las pautas del amor. Por ejemplo, las reglas del cortejo implicaban que los amantes rara vez tuvieran relaciones íntimas antes del matrimonio.

Y, una vez casados, se imponía una serie de separaciones e intimidad debido a las claras distinciones que se establecían entre los roles masculinos y femeninos en la sociedad.

Así, se mantenía un gran misterio entre ambos sexos. Hoy en día, las parejas se conocen mucho mejor y están solas y también juntas mucho más tiempo. Tradicionalmente, los hombres han asumido esta situación con mayor dificultad, y algunos continúan desapareciendo de forma periódica, tanto en el sentido emocional como en el literal.

Un cambio más profundo es la aceptación moderna de la idea de que el amor apasionado puede florecer dentro del matrimonio o en una relación más prolongada. Estas expectativas suponen un contraste muy marcado con las ideas del siglo XVIII, cuando el matrimonio era considerado, primordialmente, un mero contrato financiero. Los matrimonios, por norma general, eran arreglados por los padres, de modo que los «emparejamientos por amor» resultaban bastante raros.

Mucho antes, los romances en las cortes de la Europa medieval trazaron una clara distinción entre los votos del amor y los del matrimonio.

Marie, condesa de Champagne, una dama noble del siglo XII escribió: «El amor no puede extender sus derechos a las personas casadas, ya que los amantes se dan todo el uno al otro sin verse forzados de manera alguna, lo que no ocurre en el matrimonio».

En el siglo XIX, se tenía la convicción de que el amor romántico era compatible con el matrimonio si las mentes y las almas sintonizaban a la perfección. En este sentido, la creencia moderna menos cínica de

INTRODUCCIÓN

Dos amantes escuchando a un cuco, del artista japonés del siglo XVIII Ippitsusai Buncho, ilustra el sentimiento de admiración que se suele sentir por lo que a uno le rodea cuando está enamorado.

que el amor puede sobrevivir al matrimonio, y que, de hecho, puede reforzarse en el seno del mismo, fue fomentada por una mayor conciencia sexual.

Durante la «revolución sexual» de la década de 1960, las técnicas para hacer el amor eran consideradas como algo fundamental para que el amor perdurase.

El incremento de los índices de divorcio desde entonces pone en duda este punto de vista demasiado simplista. Los amantes modernos suelen creer, generalmente, que tanto el conocimiento como el respeto mutuo constituyen un fundamento más sólido para una relación. Este hecho, precisamente, supone un nuevo enfoque del amor, ni tan escéptico ni demasiado idealista. Una nueva visión del amor

Del *Roman de la Rose*, esta ilustración (inferior), de alrededor de 1500, muestra a una dama y a su amante a punto de entrar en el jardín del amor.

INTRODUCCIÓN

Este bajorrelieve (izquierda), *Una cesta de amores*, muestra a la diosa Venus liberando cupidos hacia el mundo.

La ilustración de Eric Gill para *Troilus y Cressida*, de Chaucer (inferior), muestra a la pareja abrazándose. No existe ningún indicio que indique que Cressida le será infiel.

Introducción

únicamente puede partir de un conocimiento del pasado. Las relaciones que se establecen entre el sexo, el amor y los humores cambiantes del corazón humano todavía en la actualidad constituyen un misterio. En este sentido, es necesario considerar que la filosofía tradicional, la mitología y la literatura todavía tienen mucho que enseñar sobre el amor en todas y cada una de sus posibles manifestaciones.

La anatomía del amor

Los hermosos animales sin pelo y de sangre caliente jugaban en un claro abierto por su deseo.
Thom Gunn, «Adulterio»

La imagen de los amantes de Thom Gunn como animales que juegan dice más sobre la forma en la que el amor llegó al mundo que todos los libros de teoría intelectual. Ninguna anatomía verdadera del amor puede ignorar la fuerza primaria del deseo o la capacidad única de la humanidad por el placer estético. Es esta capacidad la que trabaja sobre el puro instinto y lo transforma en algo diferente y maravilloso.

La filosofía siempre ha asumido un papel primordial en el desciframiento de los misterios del amor.

Algunas de las teorías más imaginativas e influyentes están incluidas en el *Symposium* de Platón, escrito en el siglo IV a. C. Su definición del amor como «el deseo y búsqueda del todo» ha sido frecuentemente reinterpretada, aunque nunca superada.

El origen del amor

Los zoólogos que han comparado la evolución y el comportamiento de los humanos y de los animales apoyan la teoría de que el amor comenzó como una forma avanzada de emparejamiento, también observada en los primates. Como los humanos, los primates disfrutan de un largo período de dependencia de sus padres. Estas prolongadas «infancias» tienen una influencia profunda en la habilidad emocional de establecer relaciones cercanas y de amar.

Algunos científicos consideran que las fuerzas de la evolución también desempe-

La historia bíblica de Adán y Eva se ilustra en esta pintura española del siglo XII. Dios forma a Eva a partir de una costilla de Adán. Su amor es inocente hasta que prueban el fruto prohibido y son expulsados del jardín del Edén.

ñan un papel inconsciente en la selección de una pareja.

El filósofo alemán del siglo XIX Arthur Schopenhauer afirmó que el amor asegura la reproducción de la especie humana y que se trata de una emoción inseparable del sexo. Dicha emoción es lo que conduce a buscar a alguien en perfecta sintonía con la propia personalidad, pero en esencia continúa siendo un impulso sexual individualizado, no importa cuán etéreo.

Los estudios más recientes del amor como una compleja serie de reacciones químicas no han ofrecido demasiados resultados definitivos. La ciencia actual no es capaz de demostrar que el amor es químicamente distinto al deseo sexual. Sin embargo, todo indica que ambos estados mentales no son iguales y que la diferencia que existe entre ellos es crucial.

Si la naturaleza ha añadido una emoción a un acto físico, ¡de qué forma tan maravillosa lo han desarrollado los humanos! Tal vez esto es lo que el literato francés Honoré de Balzac pensaba cuando decidió escribir: «El amor es la poesía de los sentidos. […] Cuán infame resulta el empleo de la palabra "amor" al referirse a la reproducción de las especies».

El encuentro de las almas

Los cisnes (superior), que son monógamos durante toda su vida, a menudo aparecen en los mitos como seres humanos encantados.

En esta miniatura india del siglo XVIII (izquierda), un príncipe y su amante se acurrucan en su propio mundo, con lo que se evaden de la realidad.

«No puedo vivir sin mi alma», gritaba Heathcliff en *Cumbres borrascosas*, desconsolado tras la muerte de su amada Catherine Earnshaw.

En la novela de Emily Brontë sobre dos almas gemelas obsesionadas y atormentadas por la separación, se oculta una larga tradición de misticismo oriental y occidental según el cual el alma es el centro del amor.

En el *Symposium* de Platón, escrito en el siglo IV a. C., el amor se describe como el ansia de una unión con una imagen ideal, inconsciente.

En esta concepción del amor, Eros encarna un deseo puramente espiritual. La respuesta a la belleza externa de un individuo se produce por la afinidad natural del alma por la perfección, más que por un impulso sexual.

El concepto platónico del amor de las almas ha influido durante siglos en las sociedades cristiana y musulmana. Para la mente medieval, esta teoría explicaba perfectamente por qué la simple satisfacción sexual hacía que el corazón quedase anhelante y el alma totalmente insatisfecha.

Por otro lado, los temas de unión espiritual eran los predilectos de la poesía amorosa islámica.

Esta forma «superior» del amor fue, asimismo, enaltecida por los grandes poetas pertenecientes al renacimiento italiano, tales como Dante y Petrarca.

Este último –Petrarca– describió a Laura, su inspiración, en términos de adoración religiosa: ella era «la fuente de aquella gracia edificante que nos guía hacia el cielo por el camino correcto».

La noción de dos almas que se aman durante toda la eternidad fue recuperada como tema literario en el siglo XIX y desde ese momento, la idea, lejos de desaparecer en la historia de la literatura, se ha conservado hasta nuestros días.

En su forma más extrema, el enaltecimiento del alma sobre el cuerpo condujo a la idea de que los amantes preferían una muerte juntos antes que poder consumar su pasión.

La perspectiva humanista se basa en que el amor perfecto integra tanto el cuerpo como el alma.

El anhelo de la unión

En prácticamente todos los mitos sobre la creación, el estado original supone un principio individual y total. Puede tratarse de un dios, un océano cósmico, un ser puro o la fuerza del caos, pero en cada caso el ser original debe dividirse para producir la diversidad de los seres vivos.

Durante siglos, se creyó que el deseo sexual y la añoranza tenían su origen en la separación de una entidad originalmente bisexual o andrógina.

Tal es así que en los mitos hindúes, el dios creador Brahma obliga a la divina Siva, mitad hombre y mitad mujer, a expulsar a su mitad femenina, Parvati. Ella vuelve a unirse a él después de replicarse a sí misma como deidad femenina, y Siva se enamora del doble de Parvati.

Estas historias albergan una verdad esencial sobre el amor: se trata, parcialmente, de un anhelo por escapar a las propias limitaciones.

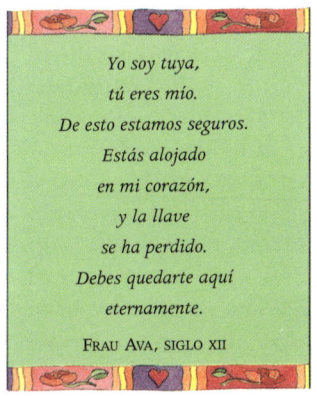

> Yo soy tuya,
> tú eres mío.
> De esto estamos seguros.
> Estás alojado
> en mi corazón,
> y la llave
> se ha perdido.
> Debes quedarte aquí
> eternamente.
>
> FRAU AVA, SIGLO XII

Amor erótico

La relación entre el sexo y el amor es tan poderosa que la palabra «erótico» se ha convertido en un sinónimo del despertar del deseo sexual. En la actualidad, Eros parece quedar restringido a la pasión física, en el punto intermedio entre el deseo y la consumación. Y es que, como revela la literatura sobre amores desgraciados, la satisfacción sexual puede, paradójicamente, extinguir el deseo.

La máxima intensidad del amor erótico puede producirse justo antes de que el deseo logre su preciado objetivo.

La creencia de que Eros –en el sentido del puro deseo físico– consiste en un anhelo por alguna cosa más allá de nuestro alcance es evocada en la famosa «Oda a una urna griega», de John Keats: «¡Más amor feliz! ¡más amor feliz, feliz! / Por siempre cálido y para ser disfrutado. / Por siempre anhelante, y por siempre joven.»

Una miniatura (inferior) muestra al dios hindú Krishna y a su enamorada Radha.

El cuadro de Gustav Klimt, *Danaë* (derecha), representa la visita de Zeus a la princesa de Argos en forma de una lluvia dorada.

Amor erótico

El amor feliz se encuentra personificado en una doncella, situada justo más allá del alcance de su amante en una escena pintada en la urna.

Este instante antes de que se produzca la unión está firmemente fijado en el tiempo y, por lo tanto, protegido de las estaciones cambiantes del amor experimentado en el mundo real.

La paradoja de que el deseo puede desaparecer después de la satisfacción física ha preocupado a escritores de muchas culturas diferentes.

La solución propuesta por Platón radica en considerar la consumación de la pasión sexual como una etapa en el camino que conduce a una meta superior, lo que permite al amor persistir como una sensación de anhelo insatisfecho.

Los altibajos del deseo tienen una vertiente de carácter emocional, al mismo tiempo que física. En este sentido, la escritora francesa Simone Weil ha descrito las tortuosas fluctuaciones del amor humano de la siguiente manera: «Quiero que la persona a la que amo me ame. Sin embargo, si se dedica totalmente a mí, deja de existir y dejo de amarle. Y si no se dedica a mí totalmente, no me ama lo suficiente».

Esta antigua taza griega de figuras rojas está decorada con los amantes Ariadna y Dioniso, acompañados por el dios Eros. La historia de Ariadna, que fue abandonada y rescatada antes de encontrar la felicidad, muestra las complejidades y los peligros del amor erótico.

LA ANATOMÍA DEL AMOR

El amor erótico es, esencialmente, un importante remolino de impulsos y sensaciones en conflicto.

El sexo es, por supuesto, una parte integrante; no obstante, no puede ser considerado como su objetivo final. De ser así, las personas que continúan haciendo felices a otras sexualmente no tendrían ningún motivo para desenamorarse.

Sin embargo, existen muchos ejemplos que demuestran que esto ocurre. La pura lujuria, aunque en ocasiones confundida con la etapa de enamoramiento en una relación, es una emoción mucho menos estimulante.

Así, es posible tener una aventura sexual exenta de amor.

De hecho, el filósofo y poeta romano Lucrecio señaló en el siglo I a. C. que el amor puede distraer del placer de los sentidos. La agridulce complejidad del amor erótico radica en el hecho de que se centra precariamente en una única persona y se hace entrar en juego un número infinito de deseos, necesidades y oscuros instintos, cada uno de ellos cargado con un explosivo que recibe el nombre de sexo.

El placer privado del emperador Jahangir muestra a una pareja de amantes en un jardín. La virilidad y las proezas sexuales se consideraban atributos positivos en un gobernante.

Amor erótico

La psicología del amor

El amor es la emoción más poética que se conoce, y, al mismo tiempo, es una de las necesidades humanas más básicas. Las experiencias y las fantasías asociadas con ella se describen en los mitos y las leyendas de innumerables sociedades y culturas, aunque sus causas y su impacto aún se escapan a la comprensión.

Se la ha tachado de ilusión transitoria, al igual que se ha ensalzado como necesidad imperiosa, biológica y ciega –la expresión de una fuerza vital inmensamente poderosa.

La idea del amor como impulso biológico proporcionó un punto de partida para la formulación de las revolucionarias teorías de Sigmund Freud. Su psicología del amor se basaba en la creencia de que el rol de la *libido*, que funciona al nivel inconsciente del instinto animal, había sido ampliamente subestimado en la identificación tanto de la fuente del amor como del misterioso proceso por el cual se selecciona un objeto para satisfacer el amor.

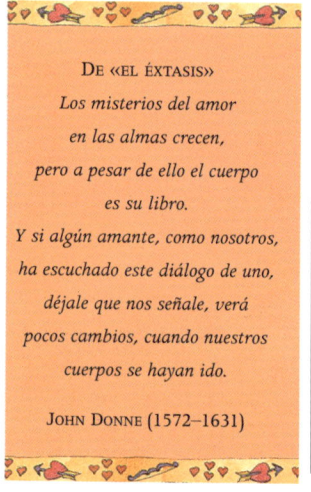

De «El éxtasis»

Los misterios del amor
en las almas crecen,
pero a pesar de ello el cuerpo
es su libro.
Y si algún amante, como nosotros,
ha escuchado este diálogo de uno,
déjale que nos señale, verá
pocos cambios, cuando nuestros
cuerpos se hayan ido.

John Donne (1572–1631)

La historia bíblica de la tentación de Adán y Eva se ha utilizado durante mucho tiempo para condenar el deseo femenino. La serpiente se representa, con frecuencia, con la cabeza y el torso de una mujer.

En este detalle extraído de *El jardín de las delicias*, de Hieronymus Bosch «El Bosco» (hacia 1505), el mundo está repleto de extraños deseos y placeres.

LA ANATOMÍA DEL AMOR

Madre y sus hijos (superior), de Emma Turpin, representa los conflictivos impulsos en una mujer.

(Izquierda) En la mitología griega, Milanión lanza manzanas áureas frente a Atalanta para derrotarla en una carrera y obtener así su mano.

Freud fue el primero en proponer una teoría coherente del amor que se basaba en principios científicos. Llegó a la conclusión de que una persona se enamora por el hecho de seguir unas reglas ocultas bajo el pensamiento consciente.

El psicoanálisis pareció revelar que estas reglas se derivaban de la infancia y, en particular, de la relación sensual con aquellos que le amaron a uno de pequeño –o aquellos que no le amaron, aunque se anhelaba que lo hicieran. Las teorías de Sigmund Freud han sido muy criticadas, si bien es el

LA ANATOMÍA DEL AMOR

La psicología del amor

psicólogo que más influencia ha ejercido en el siglo XX.

La interdependencia entre las necesidades masculinas y las femeninas, también enfatizada por Freud, fue percibida ya muchos siglos antes.

En la filosofía china, todo el universo se rige por los poderes opuestos, aunque complementarios, del *yin* y el *yang*, que representan, esencialmente, las cualidades femeninas y las masculinas.

El símbolo empleado para el *yin* y el *yang* resume su dependencia mutua: se trata de dos mitades perfectamente integradas que se unen para constituir un completo y armonioso círculo.

Un gran número de psicólogos modernos cree que la identidad psicosexual de las personas incluye aspectos masculinos y femeninos, y que éstos desempeñan un papel fundamental en la elección de la persona de quien uno se enamora. La importancia de los primeros años de vida también parece ser considerable.

Esta ilustración proviene de un manual de etiqueta para mujeres, escrito en el siglo XV por Christine de Pisan.

38

En el ámbito de las relaciones entre adultos, se tiende a buscar un sustituto del amor y la atención que se experimenta durante la infancia, hecho que quizá explica la certeza casi mágica y absoluta con la que los amantes parecen reconocerse.

El enamoramiento supone una mezcla, a menudo contradictoria, de deseo sexual, emociones y valores.

Las paradojas del amor se hacen aparentes rápidamente.

Así, se hace frecuente una serie de hechos: el ansia de estar cerca del otro se contrapone a la necesidad de mantener la propia identidad, y el deseo erótico en sí mismo es pasajero.

La necesidad de tener una sensación de poder en una relación, y, al mismo tiempo, poseer la confianza suficiente para ceder el control, fluctúa de un día a otro.

La habilidad para equilibrar estas demandas psicosexuales diversas determina el éxito o bien el fracaso de las relaciones amorosas.

Para la mayoría de las personas, a pesar de –o quizá precisamente debido a– sus múltiples contradicciones y dificultades, el amor continúa siendo una emoción que se valora por encima de todas las demás.

Desde que debido a la guerra debimos separarnos,
amor mío, y aprender a perder
el uso diario
de aquello que colmaba nuestro corazón:
guarda aquellos secretos y esos poderes
con los que me agradaste y me alegraste
estos dos años:

Ahora debemos resistir, como lo hacen las plantas,
con los tubérculos almacenados para una
mejor estación,
nuestra miel y nuestro cielo;
sólo nuestro amor puede almacenar este alimento.
¿Debemos hacer de la ausencia un dios?
¿Un monstruo recién nacido para robar
nuestro sustento?

No podemos alejar la ausencia y el dolor.
Deja que se quede -lo que pueda devorar
lo podemos compartir:
Él nunca podrá tomar esto, la vena auténtica.

No tengo palabras para decirte lo que fuiste,
pero cuando estés triste, piensa, el Cielo no
pudo dar más.

ANNE RIDLER, «En la partida»

Una pared compacta me rodea
y me protege:
está construida con las palabras
   que me has dedicado.

Hay espadas a mi alrededor que
   me dan seguridad:
son los besos de tus labios.

Ante mí tengo un escudo que me
   protege del dolor:
es la sombra de tus brazos entre
   yo mismo y el peligro.

Todos los deseos de mi mente
   saben tu nombre,
y los blancos deseos de mi corazón
   están familiarizados contigo.
El clamor de mi cuerpo por estar
   completo,
es un grito que te reclama.
Mi sangre fluye al ritmo
   del latido de tu nombre,
   incesante, implacable
tu nombre, tu nombre.

MARY CAROLYN DAVIES
«Canción de amor»

AMOR Y BELLEZA

Esta miniatura muestra a Krishna a punto de lanzar a Radha la flecha del deseo.

La belleza humana siempre ha dado pie al enamoramiento, pues golpea con la velocidad y fuerza de una flecha. La relación entre el amor y la belleza se ha celebrado en muchas culturas distintas durante siglos. La poesía amorosa islámica está dedicada casi exclusivamente al elogio de la belleza ideal. En el antiguo panteón griego, Afrodita era la diosa de la belleza y del amor.

Como motivo de amor, la belleza gozó de mucha menos popularidad entre los racionalistas. Voltaire, por ejemplo, la ridiculizó en su obra *Cándido*: el amor apasionado del héroe por la hermosa Cunegunda se ve frustrado durante tanto tiempo que cuando al fin consigue casarse con ella, su carácter se ha agriado y se ha vuelto tremendamente fea.

La belleza es un don peligroso, tanto para quienes la poseen como para aquellos que aman a una persona bella. Muchas personas hermosas a menudo consideran que no son amadas por sus cualidades y que por tanto serán abandonadas cuando la belleza desaparezca.

LA ANATOMÍA DEL AMOR

Asimismo, pueden parecer narcisistas o egoístas, aunque ésta no es la regla general. Las ideas sobre la belleza son especialmente subjetivas, pues responden a cualidades expresivas de la personalidad y del carácter, así como de la moda y, por supuesto, gusto de la época.

Cuadro de Rafael de las Tres Gracias, las doncellas de Afrodita.

Amor y belleza

Al igual que la belleza femenina, la masculina es un poderoso catalizador del amor romántico. El cuadro de Hippolyte Flandrin, *Hombre joven sobre una roca* (hacia 1830), retrata a un joven que al parecer no es consciente de sus encantos.

La capacidad de un amante de idealizar a la persona amada puede, paradójicamente, verse acompañada por una clara percepción de sus defectos físicos. La belleza perfecta puede, en ocasiones, parecer una máscara inescrutable, mientras que es posible que las pequeñas imperfecciones sean, precisamente, lo que hace mella en el corazón de alguien enamorado. Una vez que se experimenta el amor por una persona real, el ideal físico abstracto se hace mucho menos relevante. La belleza ciertamente inspira amor, pero no basta para mantenerlo.

AMOR Y VIRTUD

El amor erótico y la virtud moral no siempre se han considerado compañeros naturales de viaje. En la fe islámica, al igual que en muchas tradiciones paganas, el amor secular se consideraba una emoción noble, capaz de inspirar la creatividad artística, la valentía e incluso la devoción. Sin embargo, en la primitiva Iglesia cristiana, el único amor puro era el amor de Dios. En el siglo XII, el Cantar de los Cantares, el único poema de la Biblia que alaba las bondades del amor erótico, incluso llegó a interpretarse como una alegoría de la Virgen María.

El reformista religioso Martín Lutero reconoció la fuerza del deseo sexual y rechazó la idea de que el matrimonio resultaba inferior a la castidad.

Esta caja esmaltada de Chantilly, del siglo XVIII (superior) está decorada con la representación de una sosegada pareja en la cama. La unión del matrimonio era considerada como fuente de virtud cívica, así como de felicidad y bienestar personal.

Este retrato del siglo XVI (izquierda) utiliza los símbolos de la cadena de oro y los limones para reflejar la creencia de que un matrimonio bueno y honrado es rico y fructífero.

LA ANATOMÍA DEL AMOR

Sin embargo, durante siglos, las doctrinas protestante y católica proclamaron que la pasión física debía mantenerse estrictamente dentro de los límites del deber social.

La distancia entre el amor y la virtud disminuyó enormemente en el siglo XIX.

Los matrimonios por amor comenzaron a ser ampliamente aceptados, de manera

Amor y virtud

A lo largo de los tiempos, los amantes han llevado e intercambiado joyas como símbolo de compromiso. Este camafeo de una pareja real (superior) data del siglo III a. C.

En el pasado, es posible que la apasionada y deseable mujer de este cuadro de Emma Turpin (izquierda) haya sido considerada una seductora. Sin embargo, para los ojos modernos representa una fuerza benevolente y protectora.

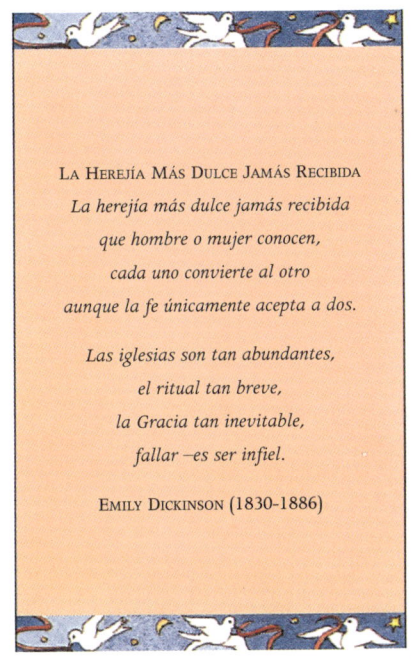

LA HEREJÍA MÁS DULCE JAMÁS RECIBIDA

La herejía más dulce jamás recibida
que hombre o mujer conocen,
cada uno convierte al otro
aunque la fe únicamente acepta a dos.

Las iglesias son tan abundantes,
el ritual tan breve,
la Gracia tan inevitable,
fallar –es ser infiel.

EMILY DICKINSON (1830-1886)

que poetas como, por ejemplo, el ateo Shelley describieron el amor como la intensificación de la sensibilidad moral.

El filósofo John Stuart Mill consideraba que un matrimonio ideal debía tener en cuenta la educación ética de individuos con puntos de vista parecidos: «cada uno de ellos puede disfrutar del lujo de levantar la vista hacia el otro...»

Hacia finales del siglo XIX, el amor en el seno del matrimonio estaba prácticamente deificado.

Incluso para aquellas personas que no eran profundamente religiosas, el matrimonio era considerado un compromiso de carácter solemne que había que cumplir obligatoriamente.

El gran cambio que se ha producido desde principios del siglo XX radica en que la pasión física ya no necesita la santidad del matrimonio para considerarse virtuosa –ahora constituye uno de los aspectos de un ideal compartido.

Si el amor moderno es duradero o no, no es tanto un motivo de leyes o religiones, como de amor y respeto mutuo y continuado –lo que ahora depende, quizá más que nunca, de las virtudes personales de cada uno de los miembros de la pareja.

Amor y amistad

Amantes paseando, pintado por Pellizza Da Volpede, capta los íntimos momentos de la amistad en el amor.

La eterna afirmación de que una persona no es un amante, sino «únicamente un buen amigo» parece revelar la gran diferencia entre ambas condiciones. Sin embargo, como mucha gente experimenta, resulta posible y placentero cruzar esta variable y ambivalente frontera entre ambos términos. El «matrimonio de almas verdaderas», elogiado por Shakespeare en uno de sus grandes sonetos al amor, subyace en el fondo de la amistad más profunda y, a menudo, ha sido percibido como una de las causas más nobles del amor. Puede que la afinidad mental no cautive el corazón tan rápidamente como la belleza, pero, sin duda, puede proporcionar la base de un amor profundo, a partir del cual se puede desarrollar la pasión.

El delicado equilibrio entre el compromiso emocional de la amistad y el reconocimiento del amor ha causado fascinación durante siglos.

Sigmund Freud creía que siempre existía un impulso sexual latente detrás de una amistad intensa.

LA ANATOMÍA DEL AMOR

Amor y amistad

Merienda en mayo, un cuadro de Szinyei Merse Pal, del siglo XIX, representa un aspecto del coqueteo, presente en la mayoría de las amistades profundas entre hombres y mujeres.

Amor y amistad

Sin embargo, otras culturas, tanto antiguas como modernas, han elogiado la amistad como la forma más pura y menos egoísta del amor.

La amistad no sexual entre hombre y hombre, mujer y mujer u hombre y mujer puede crear lazos emocionales tan fuertes como las formas más intensas de amor erótico, e incluso muy a menudo son más duraderos.

Byron, quien describió el amor erótico como «una especie de transacción hostil», creía que los hombres y las mujeres podían ser excelentes amigos siempre y cuando no fueran amantes. Sin embargo, una relación física feliz demuestra que la amistad y la sensualidad son susceptibles de ir de la mano, hecho totalmente necesario si ha de perdurar.

Una amistad auténtica, según los románticos del siglo XIX, implica una afinidad espiritual y emocional profunda. Se trata de un lazo de simpatía mutua sin la cual no puede perdurar ni el amor ni la amistad.

ILUSIÓN Y REALIDAD

«El amor es el hijo de la decepción y el padre de la ilusión», escribió el erudito español Miguel de Unamuno en *Del sentimiento trágico de la vida* (1913). Cualquiera que, de repente e inexplicablemente, ha dejado de amar a otra persona, o bien ha sido traicionado por alguien que consideraba que le protegía, probablemente comparta semejante incredulidad y angustia sobre la realidad del amor.

La naturaleza, a veces efímera, del amor erótico puede hacer que los cínicos califiquen esta emoción como una ilusión. De ser real, ¿cómo se explica su desaparición en un abrir y cerrar de ojos? Los enamoramientos que dependen sólo de la química física son particularmente propensos a una evaporación repentina. Si se desvanece el deseo físico, o si otros valores comienzan a influir en la relación, la frialdad o el desdén pueden aparecer a una velocidad desconcertante.

En el hinduismo, incluso el amor duradero se considera un aspecto del *maya*, o ilusión. El mundo –y cualquier elemento incluido en él– se formó gracias al poder creador de *maya*, y así el amor humano, de al-

guna manera el vínculo más profundo y vano con el mundo de los sentidos, siempre está teñido de un sentimiento de consciencia sobre su naturaleza efímera. Sin embargo, el amor es tan «real» como cualquier otra construcción humana. No se trata únicamente de una emoción, sino también de una cualidad humana, tan imposible de negar como, por ejemplo, la verdad o el valor.

Sus consecuencias pueden ser breves o impredecibles, pero también dramáticas, visibles y reales.

A menudo, una persona se enamora bajo el hechizo de una visión creada por ella misma. En este sentido, en la novela de Flaubert, la fascinación que Emma Bovary experimenta por el frívolo galanteador Rodolphe no resulta menos intensa por el

La historia de Cupido y Psique (superior; pág. 71) revela que, a pesar de la fascinación por un amante idealizado, de vez en cuando resulta necesario conocer su auténtica identidad.

Ilusión y realidad

El espejo es un símbolo de amor y belleza. El cuadro *El espejo de Cupido*, de Robert Anning Bell, muestra cómo las imágenes que uno tiene de sí mismo y del mundo que le rodea pueden transformarse cuando se enamora.

hecho de estar fundada en la fantasía: «un fantasma creado por sus memorias más apasionadas, sus libros más agradables, y sus deseos más poderosos».

Aguzado por la imaginación, su amor pronto se desintegra a la fría luz de la experiencia. Muchas de las fantasías del amor a menudo tienden a evaporarse en el mundo real en el momento en que se analizan en detalle.

Las etapas iniciales de una relación amorosa pueden estar sostenidas, en gran medida, por la ilusión.

No obstante, el amor implica muchísimo más que el simple hecho de «enamorarse».

El amor también radica en ser capaz de despojarse de la ilusión con el fin de reconocer y apreciar al ser humano falible que alberga. Precisamente es este tipo de amor perspicaz el que proporciona a muchas personas la experiencia más «real» y duradera de toda su vida.

LA ANATOMÍA DEL AMOR

AMOR Y SOLEDAD

En el tejado, una talla de Eric Gill, ilustra el instinto humano de acurrucarse y esconderse cuando la persona se siente aislada.

La necesidad humana de escapar de la soledad está íntimamente ligada al amor. A menudo se buscan relaciones amorosas para evitar la soledad, aunque el mayor aislamiento de todos puede encontrarse en las etapas finales y vacilantes de una relación. La especial intensidad del primer amor puede, en parte, constituir una respuesta al repentino milagro de la intimidad sensual. Esta sensación es tan sobrecogedora que separarse de la persona amada, incluso durante sólo una hora, cuando no por un período más prolongado, resulta prácticamente insoportable. Es como si una parte de la persona enamorada fuese arrancada por la fuerza. En una relación estable, la sensación de una separación no resulta equiparable a la soledad, ya que se continúa sintiendo la presencia de la persona amada de una forma casi física.

LA ANATOMÍA DEL AMOR

LA ANATOMÍA DEL AMOR

Si la pérdida de un amante es permanente, el sentimiento de soledad renovada puede ser devastador.

Consciente o inconscientemente, la necesidad humana de escapar de la soledad siempre constituye una parte del amor hacia otro –lo cual no quiere decir que el amor acabe con la necesidad.

Aquellos que aman con mayor intensidad suelen ser los más solitarios, los que más sufren con las ausencias, los malentendidos, las traiciones o la eventual pérdida de amor. Ésta es otra de las agridulces paradojas del amor. A menudo, uno siente que se moriría sin la persona amada. Sin embargo, para lograr una relación exitosa y duradera, también se debe aprender a sobrevivir solo.

Amor y soledad

Este cuadro de Emma Turpin muestra a una mujer sola que toma flores y frutos de un paisaje yermo.

Puedo escribir los versos más tristes esta noche.

Escribir, por ejemplo, «La noche está estrellada
y tiritan, azules, los astros, a lo lejos».

El viento de la noche sopla en el cielo y canta.

Puedo escribir los versos más tristes esta noche.
Yo la quise, y a veces ella también me quiso.

En las noches como ésta la tuve entre mis brazos.
La besé tantas veces bajo el cielo infinito.

Ella me quiso, a veces yo también la quería.
Cómo no amar sus grandes ojos.

Puedo escribir los versos más tristes esta noche.
Pensar que no la tengo. Sentir que la
   he perdido.

Oír la noche inmensa, todavía más inmensa
   sin ella.
Y el verso cae al alma como al pasto el rocío.

Qué importa que mi amor no pudiera retenerla.
La noche está estrellada y ella no está conmigo.

Eso es todo. A lo lejos alguien canta.
   A lo lejos.
Mi alma no se contenta con haberla perdido.

PABLO NERUDA (1904-1973), «Los versos más tristes»

La primera vez que me besó, él sólo besó
   los dedos de esta mano que escribe,
y desde entonces es más limpia y blanca,...
Lento a los saludos mundanos ... rápido con
   su «Oh, escucha»
cuando hablan los ángeles. Un anillo de
   amatista
no llevaría yo más evidente a la vista,
que ese primer beso. El segundo sobrepasó
   en altura
al primero, y buscando la frente, y a medio
   camino,
cayó parcialmente en la cabellera. ¡Oh,
   qué gran recompensa!
Ése fue el crisma del amor, cuya corona del
   amor,
con dulzura santificante, nos precedió.
El tercero, sobre mis labios, le siguió
en perfecto estado y con mucho efecto. Y desde
   entonces, de hecho,
orgullosamente he dicho, «Mi amor, el mío.»

ELIZABETH BARRETT BROWNING (1806-1861),
«Soneto del portugués XXXVIII»

DIMENSIONES DEL CORAZÓN

Yo soy dos veces tonto, lo sé,
por amar, y por decirlo
en mi poesía suplicante;
pero, ¿dónde está ese hombre sabio, que no sería yo,
si ella no lo rechazara?
JOHN DONNE (1573-1631), «EL TONTO TRIPLE»

Los escritores pueden discutir sobre el origen del amor, pero ninguno niega la asombrosa variedad de sus emociones. Estar enamorado puede producir la mayor felicidad, pero también el más profundo dolor.

El amor tiene diversas edades, desde la serenidad del compromiso perdurable hasta la abrumadora belleza del amor de juventud, cuando el mundo sensorial lo invade y lo cambia todo. La búsqueda del amor duradero siempre es incierta: la pasión puede no ser correspondida, resultar traicionada o, simplemente, verse erosionada por el tiempo, aunque en su tumultuoso impacto el amor revela las dimensiones más sorprendentes del corazón humano.

Síntomas del amor

Tan destacables son los síntomas del enamoramiento que en la Europa medieval llegaron a ser considerados una enfermedad física o mental a la que los de noble cuna (y, por ende, los más sensibles) eran particularmente propensos.

Los síntomas clásicos del amante ansioso incluían el insomnio, las pesadillas, las alucinaciones, la palidez, la falta de concentración y la pérdida del apetito. Un júbilo maníaco podía anteceder a un período de extrema tristeza y a una sensación desesperada de que la persona adorada era un dechado de belleza y virtudes totalmente inalcanzables.

Estos efectos se complementaban con dificultades para respirar e intensos latidos del corazón. Una conducta lánguida y un aspecto lastimoso se convirtieron en una forma de cortejo medieval que cualquier amante respetable estaba obligado a cumplir.

Los enamorados, por supuesto, siempre han creído que su enfermedad únicamente podía curarse con la presencia de la persona amada. Sin embargo, a lo largo de la historia se ha propuesto una serie de remedios,

Este manuscrito persa muestra a dos amantes totalmente absortos el uno en el otro.

que oscilan desde los más pragmáticos hasta los más absurdos.

En el *Viaticum* de Constantino, perteneciente al siglo XI, se afirmaba que Eros era una enfermedad de los cerebros masculinos y se recomendaba acudir a las prostitutas como remedio para calmar la inflamación.

Los sacerdotes, por su parte, aconsejaban curas menos radicales, como los viajes, los juegos y los baños regulares.

En el siglo XVII, se sospechaba del magnetismo, de los microbios y de las influencias astronómicas como causa del enamoramiento, e incluso en 1904 el doctor Charles Féré comparó el impacto del amor a primera vista con un choque o un espasmo.

Las investigaciones modernas revelan una correlación entre un nivel elevado de neurotransmisores y los cambios de humor de los románticos enamorados.

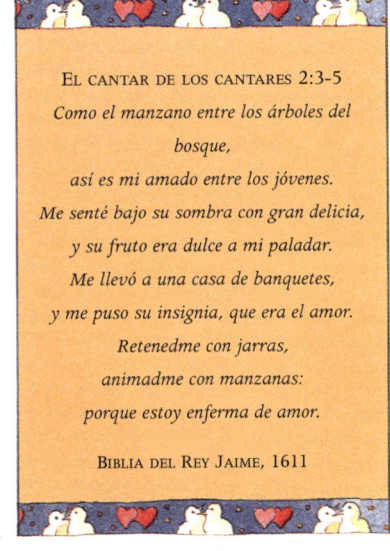

EL CANTAR DE LOS CANTARES 2:3-5
Como el manzano entre los árboles del bosque,
así es mi amado entre los jóvenes.
Me senté bajo su sombra con gran delicia,
y su fruto era dulce a mi paladar.
Me llevó a una casa de banquetes,
y me puso su insignia, que era el amor.
Retenedme con jarras,
animadme con manzanas:
porque estoy enferma de amor.

BIBLIA DEL REY JAIME, 1611

Síntomas del amor

Las inyecciones de adrenalina pueden inducir síntomas similares de excitación física, latidos del corazón, temblor de rodillas y manos, rubor y sudores, lo que revela el hecho de que las emociones son, simplemente, una interpretación diferente del estrés psicológico.

El propio engaño también desempeña un papel considerable en la manera de experimentar los síntomas del amor.

La atracción por el otro puede verse rápidamente desestimada por la persona que la percibe al considerarla un «puro» o simple encaprichamiento.

El impulso del amor está estrechamente ligado al deseo sexual, y únicamente después de deshacer la confusión podemos decidir si estamos «enamorados» o no.

Incluso aunque se reconozcan los síntomas del amor, la reacción inmediata del enamorado puede considerarse como impredecible.

En presencia de alguien por quien siente una atracción física instantánea, puede tartamudear o sentirse atrozmente tímido. Sin embargo, los amantes más sofisticados responden a este tipo de encuentros mostrando una repentina y asombrosa cantidad de aplomo e ingenio.

El primer amor

Debido a las intensas y complejas pasiones que despierta, el amor tiene una faceta infantil. Al adquirir experiencia sexual, siempre persiste un sentimiento de nostalgia por la pérdida de la inocencia, un anhelo para que el amor continúe siendo algo puro y delicado.

Los padres a menudo proyectan este anhelo en sus hijos adolescentes, con el deseo de que los jóvenes amantes permanezcan suspendidos en una especie de felicidad etérea. El perfecto arquetipo de este deseo es la historia de Cupido y Psique, narrada por el escritor romano Apuleyo en el siglo II a. C.

Tras haber despertado los celos de la diosa Venus debido a su gran belleza, Psique es visitada durante la noche por un gentil joven de dulce olor cuya identidad tiene prohibido conocer.

Sus malvadas hermanas deciden persuadir a Psique para que espíe a su amante mientras duerme.

Este cuadro del renacimiento, atribuido a G. B. Bertucci, muestra a Dafnis y Cloe, que tras haber sido abandonados y criados por pastores, se enamoran paulatinamente el uno del otro.

El primer amor

Su lámpara muestra la hermosa forma del dios alado Cupido, una de cuyas flechas la hiere mientras juega con ella y le hace sangrar. Él se despierta y, como consecuencia, se ve obligado a huir, ya que el aceite de la lámpara cae sobre su hombro.

Sin embargo, la historia tiene un final feliz: después de realizar una serie de peligrosas pruebas, Psique es rescatada por Cupido de una trampa mortal. Aunque mortal de nacimiento, a Psique se le permite unirse a los dioses y contraer matrimonio con su amante Cupido.

Cupido y Psique parecen representar una pareja prácticamente unisexual. En este sentido, se trata de una visión romántica de los jóvenes amantes que gracias a su delicada sensualidad constituyen imágenes especulares el uno del otro.

El erudito americano Jean Hagstrum sugiere que el amor delicado puede anticipar «una influyente idea moderna de que la feminización de la vida es una manera de civilizarla».

La historia de Cupido y Psique puede ser básicamente interpretada como una alegoría de unos jóvenes amantes que finalmente descubren que no son demasiado distintos el uno del otro.

En *Amity*, una obra de Bernard Fleetwood Walker, la amistad de dos jóvenes adolescentes está suavemente teñida por una incipiente sexualidad.

Las dudas del amor

El amor constituye una lucha entre el deseo de fundirse con el otro y el miedo a perder la propia identidad y la libertad en el transcurso de ese proceso. Si no se entiende la naturaleza de este conflicto, los sentimientos normales de duda pueden interpretarse como evidencia de que no se está realmente enamorado. Por el contrario, la duda puede significar, con muchísima frecuencia, que se está pasando de una fase de encaprichamiento e idealización a otra en la que resulta factible empezar a amar a una persona de carne y hueso.

Esta transición es difícil para las personas narcisistas que han transferido el amor por sí mismos a «otro» ideal y se resienten de cualquier fallo o debilidad en la imagen que han creado. Las exigencias que se hacen a la persona que se quiere amar constituyen los mayores obstáculos frente a la consolidación de un compromiso duradero.

Esta miniatura isabelina (izquierda), de Nicholas Hilliard, muestra a un atormentado joven en un jardín de rosas.

Las personas más fuertes y orgullosas también pueden tener la sensación de que muestran debilidad al admitir que necesitan a alguien.

Las muestras de indiferencia, duda, desgana u hostilidad directa también forman parte, por supuesto, del antiquísimo juego del amor.

En el pasado se esperaba de las mujeres que aparentaran desdeñar las insinuaciones amorosas de los hombres, hecho que

El hecho de entender las propias dudas puede ser duro, pero darse cuenta de que el amado también titubea puede ser devastador. En la obra de Emma Turpin (derecha), un cauteloso amante se acerca a una mujer aparentemente indiferente. Una figura que se asemeja a Cupido contempla la escena desde lejos.

se valoraba socialmente en gran medida muy positivamente.

Sin embargo, los sentimientos ambivalentes son mucho más que una simple treta. La mayoría de la gente siente cómo

En *El huerto*, de Nelly Erichsen, un amante intenta que su dubitativa novia supere sus dudas.

se alterna el deseo y la resistencia, y también incluso el amor y el odio.

El poeta irlandés Thomas Moore escribió: «Cuando te amé, no pude evitarlo / dispuse de muchos minutos exquisitos / Pero el desprecio que siento por ti ahora / ¡Aún es mucho más sensual!»

De hecho, el odio puede ser, en algunas ocasiones, una defensa psicológica de profundo arraigo contra el compromiso definitivo que supone el hecho de amar a una persona.

Las dudas del amor

> EL TORPE
>
> *Brillas en mi corazón*
> *como las llamas de incontables velas.*
> *Pero cuando intento calentarme las manos,*
> *mi torpeza vuelca la luz,*
> *y entonces tropiezo*
> *con las mesas y las sillas.*
>
> AMY LOWELL (1874-1925)

Necesidad y protección

«Mi amor es egoísta. No puedo respirar si ti», escribía Keats a Fanny Brawne. Podría decirse que la necesidad forma parte de todo amor humano.

El amor protector –el paternal, por ejemplo– es una forma de amor incondicional que rara vez está presente en las relaciones adultas. Sin embargo, los amantes pueden asumir roles padre-hijo, en los que uno de los miembros de la pareja resulta predominantemente desprendido y protector, mientras que el otro necesita recibir muestras de amor y cariño constantemente.

DIMENSIONES DEL CORAZÓN

En el pasado, la idea de que los hombres eran protectores y las mujeres necesitaban protección era una de las tradiciones culturales más profundamente arraigadas.

Los escritos modernos sobre el amor reflejan de forma consciente la dinámica del poder en una relación: la fuerza relativa de cada miembro de la pareja es fluida, depende de los individuos y las circunstancias cambiantes, y no está determinada exclusivamente por el género.

La necesidad de amor puede ser asfixiante si se convierte en una adicción. Algunos amantes se vuelven tan exigentes emocionalmente que resulta imposible satisfacerles.

En una relación ideal, ambos miembros de la pareja necesitan y protegen, dan y reciben –y así lo admiten.

Necesidad y protección

La boda de los Arnolfini, de Jan van Eyck (izquierda), contiene muchos símbolos del estado del matrimonio. El perro es símbolo de fidelidad y la vela representa el ojo de Dios.

AMOR NO CORRESPONDIDO

Cuanto mayor es la atracción que se siente por alguien, más difícil resulta creer que la chispa que se supone que existe entre ambos no es una corriente recíproca, sino simplemente el reflejo de la energía de la propia emoción.

Darse cuenta de esto cuando la relación está algo avanzada puede conducir a una gran confusión.

Por si existe consuelo, este doloroso descubrimiento se produce en todas las personas en algún momento de la vida.

Según el mito de Ovidio, la misma diosa del amor resultó humillada cuando el hermoso joven Adonis rechazó sus insinuaciones con impaciencia. En el poema «Venus y Adonis», de Shakespeare, la flecha de Cupido no tiene efecto alguno sobre Adonis. Venus, perpleja y frustrada, le acusa de un narcisismo obsesivo: «Narciso estaba tan preocupado por sí mismo / Que murió besando su sombra en el arroyo».

Los psicólogos afirman que el narcisismo es una de las razones por las cuales las personas son incapaces de responder al amor. Es posible que quieran ser tratadas como su yo ideal. O pueden haber cons-

DIMENSIONES DEL CORAZÓN

truido un Otro imaginario, idealizado y tan específico que la probabilidad de un encuentro tan amenazador resulta bastante remota. Sin embargo, se trata de un caso extremo. Es mucho más probable que se sufra de un amor no correspondido simplemente porque se ha cometido el error de suponer que los propios sentimientos son equiparables a los de la otra persona. Realmente, no hay una razón para esperar que esto sea así –a menos que se obvie el hecho de que la pasión no constituye una experiencia racional o lógica.

En este tapiz del siglo XV, un amante de la corte ofrece su corazón a su dama, que está sentada en un sensual jardín romántico.

El amor puede golpear con tanta fuerza que una persona tiende a olvidar lo singular que resulta. Puede distorsionar la percepción del enamorado y hacer que se comporte como un tonto.

Un ejemplo muy famoso de ello lo constituye el amargado mayordomo Malvolio, personaje de *Noche de Reyes,* de Shakespeare, quien absurdamente

Amor no correspondido

cree ser amado por la dama a la que sirve. Sin embargo, no tiene argumentos en los cuales basar su suposición, salvo una carta encriptada, que se escribió con el fin de gastarle una pesada broma.

Algunas personas eligen deliberadamente amar a una persona inaccesible porque este hecho elimina cualquier posibilidad tanto de ser rechazado como de sufrir una desilusión.

Una forma más auténtica, y también más angustiosa, de amor no correspondido implica el hecho de negarse totalmente a aceptar el rechazo.

La carga emocional se apoya en una ilusión desesperada de que dicho amor será correspondido algún día, junto con un anhelo incontenible.

Los griegos dieron a este anhelo el nombre de un dios especial, Antieros, hermano de Eros. Éste puede dar pie al desarrollo de un creativo ímpetu y, en este sentido, ha inspirado gran parte de la poesía más conmovedora del mundo, entre otros, los múltiples poemas de amor que W. B. Yeats dedicó a la belleza irlandesa Maude Gonne, que pretendía a casarse con otro hombre.

DIMENSIONES DEL CORAZÓN

AMOR Y CELOS

Uno de los mayores retos del amor es la lucha contra toda la serie de oscuras emociones que pueden desencadenarse en un individuo. Los celos, o la «sombra del amor», es una de las que se producen con mayor frecuencia, un sentimiento que se desprecia prácticamente de forma universal, pero que integra la experiencia pasional.

Esta obra de Ingres ilustra un encuentro de los amantes Francesca da Rimini y Paolo, hermano de su marido. La pareja adúltera fue ejecutada por su marido en 1389.

CUANDO ELOGIO

Río cuando ella su amor
por otros hombres confiesa; pero cuando ella dice
que odiaba tanto a un hombre que matarle podría,
mi corazón en llamas de celos estalla,
ya que, por desgracia para mí, ¡aún le odia!

W. H. DAVIES (1871-1940)

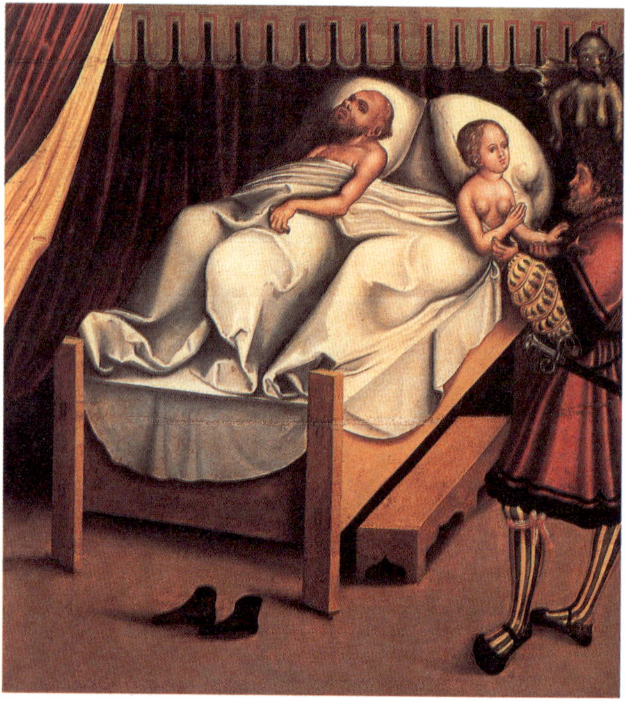

Amor y celos

 Los intensos celos constituyen el primer signo de que se está enamorado. Si una persona no se ha percatado de otras señales de su enamoramiento, la aparición de un rival tiende a constituir un maravilloso catalizador para la mente.

> En esta obra de Cranach, de principios del siglo XVI, una hermosa mujer se desliza del lecho hacia los brazos de su amante. Su marido continúa durmiendo, mientras que un demonio medieval observa la escena con complacencia.

Los psicólogos identifican tres tipos de celos: por engaño, de proyección y por competencia.

Los primeros, peculiarmente peligrosos y cruelmente injustos, se hallan muy bien caracterizados en el *Otelo* de Shakespeare, donde el villano Yago siembra y alienta la inseguridad de Otelo.

Los celos de proyección son menos malignos, pero también pueden llegar a destruir el amor. En este caso, se percibe el inocente flirteo o las amistades como una falta de lealtad.

Estos miedos infundados pueden conducir a intentar restringir la libertad del otro, e incluso a espiarle.

Los celos por competencia, por el contrario, suelen estar justificados a menudo, ya que una traición real es una de las experiencias más dolorosas en el amor.

El antagonismo provocado por una rivalidad directa por el amor de otro es menos fácil de negociar.

Una forma común de venganza la constituye el intento de inspirar celos de forma recíproca en la persona amada. En muchas ocasiones, resulta una táctica bastante útil, siempre y cuando la situación se mantenga bajo control.

Triángulos amorosos

Una de las razones más frecuentes de la pérdida de felicidad en el amor es la existencia de algún tipo de triángulo. A menudo se ve involucrado un rival, ya sea al principio o al final de una relación, lo que hace que la situación se encamine en tres rumbos diferentes, y en la que al menos una persona se siente angustiada (y frecuentemente las tres).

Un dogma fundamental del tradicional amor romántico es que está sujeto a una única alma. Sin embargo, gran parte de la literatura romántica está dominada por triángulos amorosos. El amor cortés, al basarse sobre todo en el adulterio, implicaba un triángulo, como sucede en la historia del legendario rey Arturo, su reina Ginebra y su amante, el amigo de confianza de Arturo, sir Lancelot.

La dama despiadada, una obra del artista prerrafaelita Dante Gabriel Rossetti, muestra a una joven que observa sin esperanza cómo su amante queda fascinado por otra mujer.

No obstante, algunas personas que se encuentran involucradas en un triángulo amoroso descubren que su experiencia amorosa muchas veces se ve acentuada, e incluso intensificada.

El exquisito dolor producido por la inseguridad de no saberse totalmente amado constituye para algunos amantes la esencia misma de la pasión.

En este caso, pueden necesitar la chispa de los celos para creer a ciencia cierta que están enamorados. Para otros amantes, en cambio, participar deliberadamente en un triángulo amoroso ofrece una peligrosa excitación, y quizá una sensación no reconocida de seguridad emocional.

Este tipo de situación permite a los amantes evitar los riesgos inherentes que comporta el hecho de comprometerse definitivamente con un único amor, lo que podría amenazar su valiosa libertad personal. Por otro lado, la impermanencia crea su propia seguridad, y es capaz de mantener a dos amantes en un atractivo estado de indecisión (por lo menos, como mínimo, durante cierto tiempo).

Los duelos constituían para los caballeros la forma tradicional de eliminar a un rival en el amor. Esta costumbre no fue abolida hasta el siglo XIX.

Triángulos amorosos

Bebe a mi salud sólo con tus ojos,
y yo brindaré con los míos;
o dejaré un beso en la copa,
y no buscaré el vino.
La sed que abrasa mi alma,
y reclama una bebida divina:
pero si pudiera beber del néctar de Júpiter,
no lo cambiaría por el tuyo.

Una guirnalda de rosas te envié,
no tanto para honrarte,
sino para darle una esperanza
de que no marchitaría contigo.
Pero tu breve suspiro sobre ella,
antes de devolvérmela;
hace que ahora, cuando crece y huele,
no es a rosas sino a ti.

BEN JONSON (1572-1637), «Canción: A Celia»

*Cuando me inclino sobre tu adorable cara
tus ojos revelan extraños reflejos de blanco,
de negro,
y toda mi sangre borbotea en mis venas
hacia el corazón mismo todas a una.
Lo que revelan es Amor, que cambia de lugar,
ahora abajo, ahora arriba, ahora inclinado y
mirando hacia atrás.
Disparo a disparo sufro su ataque.
Razona, si estoy engañado, ¡expón tu caso!*

*Esta pérdida de control me hace ver visiones
traicionaría a mi padre y a mi rey,
a mis hermanas, hermanos, madre –sí, y a
Francia.
Tan loco estoy, habiendo bebido en abundancia
el veneno que emana de nuestro flirteo
de los ojos que me tienen preso en su embrujo.*

PIERRE DE RONSARD (1524-1585), «Meslanges, 2, VI»

AMOR Y LOCURA

En una ilustración de *El libro de la buena moral*, las conciencias de dos personas intentan persuadirlas de actuar de forma irracional.

Una corriente oculta de violencia subyace en este cuadro de finales del siglo XVIII de dos amantes.

«Vivir y sufrir —cielo, infierno— eso es lo que quiero sentir», escribía Julie de Lespinasse, amante del filósofo y matemático francés del siglo XVIII, Jean d'Alembert.

Sus ardientes cartas de amor expresaban el deseo, que compartía con muchos amantes románticos, de «amar como se debe amar: en exceso, hasta el punto de la locura y la desesperación».

El concepto de amor como una pasión que consume, una obsesión terrible que arrasa con razones o convenciones, fue el tema principal de muchas novelas y óperas románticas del siglo XIX.

Sin embargo, sus orígenes se remontan a muchos siglos atrás. Los extremos del amor humano siempre se han considerado como una locura divina.

Incontables retratos de mujeres, semejantes a criaturas incólumes, que esconden ardientes pasiones delatan el miedo de los hombres a despertar a una amante venenosa o insaciable. Desde la literatura más clásica hasta las películas de Hollywood, una serie de vengativas arpías encarnan el miedo masculino de que el amor pueda, literalmente, hacer enloquecer a las mujeres.

En la vida real, es relativamente frecuente que los pensadores más sanos y racionales de ambos sexos se vean totalmente desquiciados por un amor obsesivo, y, en numerosas ocasiones, por un objetivo que no resulta en ningún caso adecuado.

El ensayista inglés William Hazlitt, por ejemplo, registró sus apasionados sentimientos de celos, totalmente absurdos, hacia la hija de su casera, a la que él doblaba la edad.

Los psicólogos tratan de describir este tipo de amor como una forma de egoísmo extremo. Elevado a la categoría de dios, el amor exige una obediencia tan completa que la propia conciencia hace oídos sordos a cualquier cosa.

Puede excusarse el amor loco y apasionado, aunque, de hecho, resulta plenamente preocupante cuando se utiliza con el fin de justificar el abandono de todas las demás cosas.

Amor y risas

La fiebre de las bacanales que arrasó Europa a finales del siglo XIX dio lugar a muchos romances extraordinarios.

La crueldad, tomada a risa, puede hacer creer a un amante con el corazón roto que el humor es un ingrediente esencial en una relación, algo que, en ocasiones, resulta fundamental.

Si se puede aceptar, reírse de uno mismo es un correctivo muy valioso para las desgracias de un amor obsesivo.

El antiguo concepto árabe del amor como una forma seria de arte, con sus elaborados rituales, es posible que esté, paradójicamente, basado en el humor.

El historiador Theodore Zeldin ha sugerido que la sorprendente tolerancia de los beduinos hacia la familiaridad entre las mujeres y los visitantes extranjeros puede haber ayudado a romper en cierto modo las restrictivas convenciones.

Amor y risas

Este tapiz bordado del siglo XVIII, denominado *Primavera*, celebra las despreocupadas alegrías del amor juvenil.

Esto, a su vez, facilitó muchas aventuras posteriores de amor pasional. «Del amor, la primera parte es la broma y la última la auténtica sinceridad», escribió el influyente teólogo Ibn Hazm en el siglo XI.

El amor erótico, y, en especial, cuando supone acabar con las reglas y los consecuentes riesgos de conocimiento del otro, en todo momento tiende a situarse en el límite de la comedia.

El maestro del amor y la comedia fue Shakespeare, escritor para quien el cortejo constituía, en esencia, una cuestión de ingenio y humor. Incluso la joven, trágica e idealista Julieta es capaz de reírse de ella misma.

El humor siempre se ha considerado una de las mejores armas femeninas para llevar a cabo el cortejo: entre las heroínas más atractivas y verbalmente ágiles de Shakespeare se encuentran Beatriz, de *Mucho ruido y pocas nueces,* y Viola, de *Noche de Reyes*.

En *Como gustéis*, la encantadora Rosalind intercambia de manera muy rápida algunas bromas con el bufón de la corte, al mismo tiempo que advierte a su propio amado, cuyo nombre es Orlando: «Abre las puertas con presteza al ingenio de una mujer y el amor escapará por el marco; ciérralas y saldrá por la cerradura; deténlo y saldrá volando junto con el humo por la chimenea».

La comedia siempre ha sido la válvula de escape del amor. El hecho de bromear constituye la manera esencial en la que un individuo prueba la fuerza de una nueva relación, al mismo tiempo que mantiene cierta distancia con la otra persona hasta que adquiere la absoluta convicción de conocer sus sentimientos.

Pocas cosas unen tanto como las risas compartidas, y nada distancia tanto como el hecho de darse cuenta de que la persona que uno cree amar tiene un sentido del humor diferente –o, lo que es peor, que carece de él.

El humor debe formar parte de cualquier relación duradera, aunque sea única y exclusivamente como instrumento para finalizar las riñas en las que se han asumido posiciones que únicamente pueden abandonarse con una broma compartida.

En los bailes de máscaras, los invitados se liberaban de sus inhibiciones gracias al ocultamiento de sus rostros. Estas fiestas ofrecían una yuxtaposición de intimidad secreta en una esfera pública.

Amor y risas

Amor duradero

Este relieve funerario griego (superior) muestra a una pareja casada que espera permanecer unida después de la muerte.

«Y vivieron felices para siempre» suele ser el punto en el que se terminan las historias de amor. El amor duradero no suele ser motivo de ficción romántica, pues en este punto la emoción de la persecución, el drama, el peligro, la incertidumbre y, se supone, la salvaje pasión física ya han desaparecido. Los lectores prefieren las historias de amor infeliz. Paradójicamente, el amor duradero parece aburrido, si bien es lo que la mayoría de los amantes busca.

Quizá la tradición ha sembrado en el corazón la idea de que el amor es efímero. En las historias medievales de amor cortés, la mayoría de los romances terminaban con una nota trágica. Se creía que si se eliminaban todos los obstáculos al amor y los amantes se llegaban a casar, su pasión se diluiría y acabaría desapareciendo con el tiempo. La creencia de que el matrimonio es compatible con el amor romántico es una idea reciente y predominantemente occidental.

Algunos escritores famosos se han mostrado contra este cinismo prevaleciente.

DIMENSIONES DEL CORAZÓN

> **LOS HOMBRES AFIRMAN QUE LAS PASIONES DEBERÍAN ENVEJECER**
>
> *Los hombres afirman que las pasiones*
> *deberían envejecer*
> *con los años que pasan; mi corazón*
> *es incorruptible como el oro,*
> *es mi parte inmortal.*
> *Tampoco hay un dios que sea capaz*
> *de hacer marchitar el amor.*
>
> MICHAEL FIELD, PSEUDÓNIMO DE
> KATHERINE BRADLEY (1846-1914)
> Y EDITH COOPER (1862-1914)

Uno de los sonetos más importantes de Shakespeare celebra una concepción más profunda del amor: «El tiempo no engaña al amor, a pesar de sus ruborosos labios y mejillas / El compás de su hoz curvada consigue / que el amor no se altere en las breves horas y semanas / E incluso se confirme a la hora de la muerte».

En una relación duradera, no todos los individuos enferman de deseo cada vez que posan sus ojos en la persona amada; no obstante, este hecho no implica que muchas personas felizmente casadas no se echen de menos cuando se separan, o que continúen encontrándose sexualmente atractivas. Tampoco comporta que el sentimiento se extinga tras la exuberante sensualidad propia del período inicial.

Los ideales defendidos por los psicólogos modernos suelen incluir: igualdad sexual, intereses compatibles, ausencia de envidia, respeto mutuo y aceptación de identidades separadas.

Amor duradero

La siesta,
de Vincent van Gogh (izquierda), muestra a una pareja que descansa tranquilamente después del arduo trabajo de la mañana.

Este tipo de cualidades, junto con la ternura de una pareja que se ha amado con pasión real y no la ha olvidado, todavía, proporciona los auténticos ingredientes del amor duradero.

Por otro lado, el reto y la aventura del amor no se diluyen en el momento en que los amantes contraen matrimonio.

El éxtasis experimentado al inicio de una relación se refleja en la obra de Gustav Klimt, *El beso*. Su recuerdo puede actuar como vínculo una vez que la pasión inicial se desvanece.

AMOR PERDIDO

En cuanto uno se enamora, se torna vulnerable y se siente particularmente indefenso ante su posible pérdida. Éste es uno de los riesgos que se asumen cuando se ama: que la persona en la que se ha invertido parte de los sueños y las esperanzas y tanto anhelo pueda distanciarse, desenamorarse, abandonar al enamorado por otra persona o ser separada de él por el destino malvado, o que la abandonemos por error -o que muera.

El amor perdido, recordado y lamentado, es el tema principal de la ópera y la música popular.

La Bohème, una conocida ópera de Puccini, dramatiza los miedos de todos los amantes: que el amor apasionado no dure y que se sufra la agonía de observar a la persona amada morir ante los propios ojos.

En cierto modo, cualquier amor perdido es una especie de muerte. Lo que se siente es un pesar tan real como el que provoca la misma muerte, a menudo agudizado hasta un nivel insoportable por el hecho

Durante el renacimiento, Ariadna, que se casó con el dios Dioniso, se convirtió en un símbolo del restablecimiento de la vida a través de la muerte.

DIMENSIONES DEL CORAZÓN

DIMENSIONES DEL CORAZÓN

de que involucra a todos los sentidos (todo el ser carece del calor, la cercanía y la íntima delicia del cuerpo amado del otro).

Dicha pérdida resulta tan dolorosa, que puede conducir irremediablemente a una persistente amargura.

No obstante, si el individuo es capaz de sobreponerse a este sentimiento de posesión, esta experiencia tiene una vertiente positiva, puesto que puede hacer que madure e incluso prepararle para algo más duradero.

Amor perdido

La soledad y la desesperación que se siente al perder a la persona amada se evoca con intensidad en esta obra de Emma Turpin.

¿A un día de verano compararte?
Más hermosura y suavidad posees:
tiembla el brote de mayo bajo el viento,
y el estío no dura casi nada:
a veces demasiado brilla el ojo solar,
y otras su tez de oro se apaga;
y toda belleza alguna vez declina,
ajada por la suerte o por el tiempo.
Pero eterno será el verano tuyo,
no perderás la gracia,
ni la muerte se jactará de ensombrecer tus pasos,
cuando crezcas en versos inmortales;
vivirás mientras alguien vea y sienta,
y esto pueda vivir y te dé vida.

WILLIAM SHAKESPEARE (1564-1616), Soneto 18

El lenguaje del amor

El amor tiene su propio lenguaje
una voz que va
de corazón a corazón -cuyo tono místico
únicamente conoce el corazón.
Anónimo, Poema de amor persa

El lenguaje del amor es, básicamente, privado y tácito. Una mirada fija, un roce o la respuesta a una caricia pueden comunicar más que las palabras.

Es posible que el lenguaje ordinario parezca desesperadamente escaso para la intensidad emocional que sienten los amantes.

Quizá ésta es la razón por la que los amantes siempre han encontrado otras formas de comunicarse (más individual, más personal y, a menudo, misteriosa para todos los demás).

Únicamente los amantes entienden la carga emocional que se esconde detrás de un libro o una pieza de música que se ha recibido del otro, o bien un recuerdo, un anillo o una flor.

EL LENGUAJE DEL AMOR

LA MIRADA DEL AMOR

Los ojos son los comunicadores más inmediatos y poderosos de las emociones. Resulta casi imposible confundir los sentimientos que transmiten.

La mirada del amor

Los escritores medievales creían que el proceso de enamoramiento comenzaba con el encuentro visual, motivo por el cual consideraban a los ojos las ventanas del alma. Creían que una transfusión mística se abría paso hasta el corazón, lo que producía la sensación de amor por medio de una reacción casi alquímica.

Uno aprende a apreciar y a responder a la mirada del amor casi desde el nacimiento.

Los bebés buscan la cara de su madre hasta que localizan sus ojos, y entonces sonríen, confortados por el brillo del amor que se refleja en ellos.

Los amantes prácticamente se pierden en la mirada del otro, ajenos a las sonrisas que despiertan en el mundo exterior.

Los ojos expresan el amor tanto de forma consciente como inconsciente: las pupilas dilatadas, por ejemplo, constituyen

Elena de Troya, la mujer más hermosa del mundo, aparece retratada mientras en esta obra observa a su esposo Menelao.

la señal clásica de excitación sexual, y, por otro lado, el maquillaje de los ojos continúa siendo un elemento importante entre las armas de seducción.

Se decía de las mujeres españolas, herederas de las tradiciones musulmanas, que eran capaces de lanzar más miradas con sus ojos que cartas había en una baraja de naipes.

En el siempre cambiante lenguaje del flirteo, los hombres podían interpretar un movimiento lateral de los ojos como una pregunta, una mirada en blanco como sufrimiento, un parpadeo como alegría, el desvío de la mirada como rechazo, los párpados entornados como advertencia y bajar la mirada como consentimiento. La más emocionante era la relampagueante mirada de soslayo.

Sin embargo, la mirada de amor no es ninguna garantía, lo que constituye una parte esencial de su encanto.

Es posible decir cualquier cosa con los ojos, pero nada puede demostrarse, como observó Stendhal: «Las miradas son las grandes armas de la virtuosa coqueta; cualquier cosa puede comunicarse con una mirada, pero siempre puede negarse haberla hecho.»

La obra de la página siguiente, de Emma Turpin, ilustra la poderosa atracción que puede despertar una mirada casual.

III

Público y privado

«Aman de verdad quienes tiemblan al decir que aman», escribió el más famoso poeta-soldado del siglo XVI, sir Philip Sidney. El hecho de declarar un amor por primera vez nunca ha sido tarea fácil. Incluso aunque no crea que su amor es correspondido, es posible que no desee compartir inmediatamente dicho secreto con el mundo.

Esta necesidad de proclamar el amor a los cuatro vientos entra en conflicto con la sensación de que, al hacerlo público, de alguna manera se pierde su intensidad mística. Esta instintiva reticencia constituyó prácticamente una regla del amor en algunas sociedades primitivas.

El amor cortés solía ser secreto, y la obra del siglo XIII de André le Chapelain, *Reglas del amor,* afirmaba que «un amor divulgado no suele durar». Esta frase reflejaba el código de conducta en una época en la que las penas por un amor no aprobado eran muy duras, y el hecho de revelarlo podía desencadenar hostilidades, oposición, vergüenza o el descrédito social completo para los afectados.

Ahora se da mucho menos secretismo, aunque este cambio puede ser más super-

EL LENGUAJE DEL AMOR

Público y privado

ficial de lo que aparenta. El amor aún se mueve, como siempre lo ha hecho, entre lo privado y lo público, y roza los límites de ambos mundos. Los amantes todavía se mueven en el mundo ordinario y llevan consigo los secretos de su propia y extraordinaria intimidad sensual.

Sin embargo, el mundo continúa proporcionando el contexto moral y social al que el amor debe ajustarse para no ser considerado egoísta y que no se convierta en algo claustrofóbico.

En el siglo XVIII, Venecia fue famosa por sus *ridottos* o bailes de máscaras. Este detalle de una obra de Pietro Longhi muestra a una pareja de amantes que flirtea, pues se saben seguros tras su disfraz.

113

LA MÚSICA DEL AMOR

Las canciones han proporcionado, durante muchos siglos, un lenguaje muy elocuente y flexible para el amor.

Pueden conmover y llegar al alma, pues desafían los límites de la edad, de las clases sociales o del gusto estético, tal y como el ultrasofisticado Noël Coward llegó a escribir en su obra *Vidas privadas*: «Resulta extraño lo poderosa que es la música barata».

El poder de la música y su evidente habilidad para alabar el amor domina el antiguo mito griego de Orfeo.

Después de la muerte de su adorada esposa Eurídice, el músico-poeta desciende a las profundidades del infierno para rescatarla, donde encanta el corazón helado de Hades, el dios de los muertos, con las canciones de su duradero amor.

Se cree que hermosas jóvenes de largos cabellos tocaban laúdes, al mismo tiempo que cantaban en honor al amor en los salones de música de la Medina del siglo VII, como esencia de la vida.

En Europa y Oriente Medio, las canciones de amor eran interpretadas, tradicionalmente, por hombres. Esta obra de finales del siglo XVIII muestra a un músico persa.

EL LENGUAJE DEL AMOR

En *El dueto*, una acuarela pintada en el siglo XVIII por Thomas Rowlandson, una joven pareja interpreta una canción en un elegante salón inglés.

Durante todo el siglo XI, los trovadores llevaron consigo la tradición del amor cortés a Europa, con lo que la música pasó a convertirse en un ingrediente esencial del amor secular, que era considerado el origen de toda virtud.

Las canciones de amor abarcan algo más que la delicada definición de Sigmund Romberg: «una caricia acompañada de música». Las baladas populares, la música country, o incluso las canciones melódicas o rockeras cuentan historias sobre todo un universo de amantes con cuyas emociones cualquiera puede identificarse de manera evidente.

Las letras de innumerables canciones de amor de todos los tiempos, desde las arias operísticas o los delicados *Lieder* de Schubert, hasta la extrema simplicidad del «Love, love me do!», de los Beatles, constituyen infinitas variantes del tema del amor.

La música del amor

La danza del amor

Este milagro asombroso fue por el amor ingeniado
Ya que la danza es el ejercicio por el amor preferido.
Sir John Davies (1569-1626)
«Orquesta: Un poema de danza»

La danza es el cortejo en todo su esplendor. Los permisivos abrazos han sido, durante mucho tiempo, el ritual erótico de flirteo más evidente, y, en consecuencia, han recibido frecuentes ataques por parte de los guardianes de la moral. Muchas danzas formales, como las que se hicieron populares en los salones ingleses del siglo XIX, permitían muy poco contacto físico entre los participantes. La emoción sólo podía comunicarse mediante las miradas compartidas de reojo, las miradas subrepticias y la conversación susurrante, ya que las pistas de baile eran uno de los pocos lugares en los que las damas jóvenes con escolta tenían la oportunidad de dirigirse a un hombre directamente y a solas.

En los bailes se entregaba a las damas un carné en el que apuntaban los nombres de sus parejas. Estos carnés se convertían en auténticos souvenirs incluso tiempo después del acontecimiento. A las damas se las animaba a contar con múltiples parejas; bailar con el mismo caballero más de dos veces podía suponer un riesgo de censura.

La danza más criticada de todas fue el vals, en la cual las parejas giraban alrededor de la pista juntas, enlazadas en un envolvente abrazo. Este baile se extendió por toda Europa a principios del siglo XIX y pronto cruzó el Atlántico, lo que dio origen a un aluvión de sermones y artículos, así como a un irónico poema de Byron. Sin embargo, la evolución de la danza nunca se detuvo, quizá porque nadie puede olvidar sus pro-

El vals causó conmoción al principio, pero rápidamente adquirió popularidad.

pios días de baile, celebrados incluso por el cínico Byron: «¡Continuemos danzando! no confinemos la alegría / No durmamos hasta el amanecer, cuando la juventud y el placer se encuentran / Para perseguir las brillantes horas con pies alados».

Cada sociedad, a lo largo de la historia, ha aprovechado el poder sensual de la danza, ya sea para agradar a los dioses o, simplemente, al otro sexo. En la Biblia, por ejemplo, la carga sexual de la danza de Salomé ante el rey Herodes le aseguró la cabeza de Juan Bautista como recompensa. La temperamental heroína de Bizet, Carmen, explota el tentador arte del baile flamenco para encantar a sus amantes, José y Escamillo el Torero. En la década de 1920, las vistosas actuaciones del popular charlestón se convirtieron en todo un distintivo para las «jóvenes emancipadas».

El baile no ha perdido su importancia en el cortejo. Los bailes de gala en Estados Unidos y los bailes de las jóvenes que se presentan en sociedad en Europa son acontecimientos tan fundamentales como los grandes bailes aristocráticos lo fueron en su día. Las sonrisas amorosas y los sugerentes movimientos continúan relacionando la danza con el cortejo y el amor.

EL LENGUAJE DEL AMOR

LOS ALIMENTOS DEL AMOR

Esta suntuosa obra muestra un auténtico banquete celebrado en Ca Rezzonico, Venecia, en septiembre de 1755. En las grandes ocasiones festivas eran frecuentes los platos exóticos y el flirteo.

La imaginería del amor y la comida están profundamente interrelacionadas, ya que tanto la anticipación como la experiencia de ambas conlleva una potente carga sensual. El amor sexual y el deseo se describen, con frecuencia, como una sed o un apetito físico insaciables, que pueden permanecer sin satisfacer o a los que se puede dar rienda suelta en exceso.

La esmerada preparación de una comida para una persona amada está, consecuentemente, llena de un enorme significado romántico.

El héroe de la obra de Ben Jonson, llamado *Volpone,* promete crear para su amada una comida de extraordinaria rareza: «Las cabezas de los loros, las lenguas de los ruiseñores / Los cerebros de los pavos reales

119

Los alimentos del amor

y avestruces / serán nuestro alimento: y si pudiéramos tener un fénix, / aunque la naturaleza extinguió su especie, sería nuestra comida».

Las pociones de amor, las aves mágicas y los supuestos poderes afrodisíacos de las ostras crudas pueden servir para aumentar el amor, tal y como afirman las creencias populares.

Sin embargo, la auténtica intimidad de los alimentos compartidos es el preludio perfecto para el encuentro de los amantes y una parte poderosa de los recuerdos nostálgicos sobre ellos. En «Fresas», de Edwin Morgan, se describe una ocasión de este tipo con una intensidad que hace la boca agua: «los platos azules en nuestros regazos / las fresas brillantes / a la cálida luz del sol / las rebozamos en azúcar / mirándonos el uno al otro / sin apresurarnos / a la espera de lo que ha de venir…».

La fresa, un antiguo símbolo del placer carnal, es sólo uno de, al menos, una docena de frutos relacionados desde hace siglos con el drama del abandono al erotismo.

La colonización europea de África, Asia y las Américas trajo consigo la importación de muchos alimentos desconocidos. Se suponía que varios de ellos poseían propiedades afrodisíacas.

Ven a vivir conmigo y sé mi amada
y probaremos todos los placeres
que valles, arboledas, montañas y campos,
bosques o escarpadas montañas nos ofrecen.

Y nos sentaremos en las rocas,
viendo a los pastores alimentar a sus rebaños,
y a la orilla de tranquilos ríos a cuyas cascadas
las melodiosas aves cantan madrigales.

Y te haré lechos de rosas
y miles de ramilletes fragantes,
una corona de flores, y una falda
bordada de flores de mirto;
un vestido de la más fina lana,
que nos dan nuestras hermosas ovejas;
bellos zapatos forrados contra el frío,
con hebillas de oro puro;

*Un cinturón de paja y hiedra,
con broches de coral y tachonada
    de ámbar;
y si estos placeres te conmueven,
ven a vivir conmigo y sé mi
    amada.*

*Los zagales cantarán y bailarán
en tu honor todas las mañanas
    de mayo:
y si estas delicias conmueven tu
    pensamiento,
ven a vivir conmigo y sé mi
    amada.*

CHRISTOPHER MARLOWE
(1564-1593)
«El pastor apasionado
a su amada»

AMOR EN CLAVE

Los amantes siempre tienen secretos. El hecho de no expresar exactamente lo que se quiere decir ha sido un ingrediente del flirteo durante siglos. Si no se ha decidido sobre una persona, o sospecha que ésta no tiene muy claros sus sentimientos sobre usted, un cierto grado de evasivas en la conversación resulta esencial.

Resulta conveniente emplear códigos más serios para comunicar amor en situaciones en las que su confesión podría ser embarazosa, en el mejor de los casos, o peligrosa, en el otro extremo. La escritura de cartas de amor con tinta invisible o en claves secretas son técnicas que se remontan, al menos, a la época de los romanos. Y a lo largo de la historia los amantes se han enviado mensajes codificados.

Estos códigos solían consistir en cifras sencillas con una clave previamente acordada, si bien el joven Mozart inventó una original manera

Los abanicos han sido un instrumento básico del flirteo durante siglos.

Tradicionalmente, se consideraba que cualquier carta escrita por una mujer, como la de esta obra de Vermeer, estaba dirigida a un amante.

para evitar la prohibición de su padre de escribir a una admiradora y enviar mensajes a «mi hermosa rosa inglesa» en la cual las notas musicales eran sustituidas por letras del alfabeto.

Otra popular técnica se basaba en el empleo de alusiones literarias o mitológicas. La reina francesa María Antonieta sub-

QUIENES ESTÁN JUNTO A MÍ

*Quienes están junto a mí no saben
que tú estás más cerca de mí que ellos.
Quienes hablan conmigo no saben que mi corazón
está lleno de tus palabras sobreentendidas.
Quienes cruzan mi camino no saben que
yo camino sólo contigo.
Quienes me aman no saben que su amor
te trae a mi corazón.*

RABINDRANATH TAGORE (1861-1941)

EL LENGUAJE DEL AMOR

rayaba párrafos de novelas que dejaba al alcance de sus amantes.

Sin embargo, eran precisamente los ardides empleados para disimular el contenido del mensaje los que permitían al corazón del escritor expresarse directamente a su auténtico destinatario, una paradoja aún apreciada por los amantes de hoy en día.

Cartas de amor, de Stanley Spencer, muestra a un hombre abrumado por la cantidad, o quizá el contenido, de las notas que intercambia con su amante.

EL LENGUAJE DEL AMOR

Tarjetas de san Valentín

Generaciones de amantes han intercambiado tarjetas el día de san Valentín.

Esta tabaquera suiza con automatismo de principios del siglo XIX pudo haber sido una extravagante muestra de amor.

La costumbre de los amantes de prometerse el día de san Valentín tiene siglos de antigüedad, aunque su asociación con dos santos de nombre Valentín aún es un misterio.

Chaucer sugiere un origen plausible de la tradición en su *Parlement of Foules,* del siglo XIV, en el que relacionaba la celebración del día del santo el (14 de febrero) con el apareamiento de las aves –y por extensión, de los humanos: «Porque esto ocurrió el día de san Valentín / cuando cada ave acude a buscar a su pareja».

La idea de elegir la pareja el 14 de febrero puede haberse desarrollado a partir de este simbolismo sobre la llegada de la primavera.

En los siglos XVI y XVII, en Inglaterra, la tradición permitía a las mujeres seleccionar a sus «valentines», intencionadamente o

EL LENGUAJE DEL AMOR

por cuestiones de azar (por ejemplo, el primer hombre que se veía por la mañana). A cambio, se esperaba recibir de él un detalle o regalo.

Tarjetas de san Valentín

La práctica de enviar tarjetas codificadas por San Valentín no se estableció hasta el siglo XIX. Comenzó en Inglaterra, aunque muy pronto se popularizó en Estados Unidos.

Las tarjetas explotaban la devoción contemporánea por el lenguaje secreto de las flores, y las ilustraciones de nomeolvides, violetas y rosas permitían entrever los sentimientos del remitente en complicados mensajes en clave floral.

Protegidos por el anonimato, tanto a los hombres como a las mujeres se les permitía tomar la iniciativa y declarar su amor.

Este billete falso de 50 dólares americanos del Banco del Amor Verdadero fue impreso en Estados Unidos hacia 1850. Es uno de los primeros ejemplos de tarjeta de fantasía.

Los mensajes florales de las tarjetas del siglo XIX estaban cargados de significado. Los muguetes y los nomeolvides, por ejemplo, eran símbolo de un amor puro y firme.

«Nunca firmes una tarjeta de san Valentín con tu propio nombre» era el consejo de Sam Weller a su maestro en los *Papeles del Club Pickwick,* una novela del célebre escritor Charles Dickens.

Las cariñosas palabras intercambiadas hoy en día en las tarjetas modernas son susceptibles de considerarse igualmente elaboradas y enigmáticas.

En la actualidad, seiscientos años después de Chaucer, todavía se conserva la cita anual y se celebra el tan esperado día de San Valentín con toda una amplia variedad de imaginativos, entretenidos y perdurables rituales amorosos.

Los mensajes de las flores

*¿Por qué nadie me ha enviado aún
una limusina perfecta, me puedes decir?
¡Ah, no!, mi suerte se limita a recibir
una rosa perfecta.*
DOROTHY PARKER (1893-1967),
«UNA ROSA PERFECTA»

Parker se mofaba del regalo de una única rosa, pero el poder de esta flor como embajadora del amor aún trasciende al estereotipo. Las flores, de hecho, han sido emblema del amor secular y religioso durante siglos.

La palabra inglesa *posy*, «ramillete», originalmente se refería a un mensaje de amor, una pieza de «poesía» (*poesy*, en inglés), simbolizada por las flores en sí mismas.

En la Europa medieval, conforme los jardines se fueron desarrollando a las flores se les dio un significado simbólico.

La audiencia de *Hamlet*, del escritor William Shakespeare, habría entendido las resonancias en el discurso de Ofelia a Laertes: «Está el romero, para la memoria –suplica amor, recuerda– y hay pensamientos, para las intenciones.»

Los cálidos colores de las amapolas tienen un atractivo especial para los amantes.

EL LENGUAJE DEL AMOR

Los mensajes de las flores

Sin embargo, estas asociaciones populares no se formalizaron hasta el siglo XIX en un elaborado y secreto lenguaje en el que las flores eran capaces de transmitir deseos y sentimientos que no podían expresarse abiertamente.

Más que en un juego de sociedad, el código estaba basado en la creencia filosófica de que las verdades podían ser expresadas de una forma natural.

En esta miniatura india, el dios Krishna obsequia a Radha con una flor de loto, símbolo de fertilidad, sexualidad, nacimiento, renacimiento y pureza.

EL LENGUAJE DEL AMOR

Los mensajes de las flores

SÍMBOLOS DE AMOR

Si bien Marco Antonio pudo haber empeñado su reino por Cleopatra, los amantes, normalmente, suelen conformarse con pruebas de estima más pequeñas.

La larga historia de símbolos y recuerdos de amor revela una asombrosa diversidad de objetos, a menudo insignificantes por sí mismos, pero cuyo fin es medir –y demostrar– la fuerza del amor.

Los recuerdos son, en cierto modo, expresiones de las dudas, al mismo tiempo que las certidumbres que existen en las relaciones humanas.

El valor invertido en un recuerdo por parte del receptor constituye una prueba de

Esta obra de Emma Turpin recuerda a Cenicienta.

EL LENGUAJE DEL AMOR

estima para el donante: su significado emocional puede exceder en mucho el valor material.

Casi cualquier pequeño objeto puede prestar este servicio, desde el puramente estético (el trabajado acerico de un marinero del siglo XIX) hasta el más simbólico, como puede ser un rizo de cabello, que tiene la función de subrayar la devoción que se siente hacia el amante.

En sus primeros viajes al extranjero, el joven Lord Byron describió el modo en que había intercambiado rizos de cabello con una «belleza española» en el momento de su despedida. Más tarde, al considerar el de ella (de cerca de un metro de largo) como un estorbo, se lo envió a su madre, que se encontraba en Inglaterra.

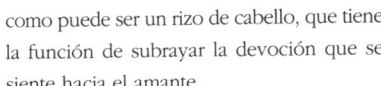

El intercambio de recuerdos era particularmente popular cuando las parejas se veían obligadas a separarse durante largas temporadas, y és-

Símbolos de amor

Los jóvenes amantes de la antigua Grecia colgaban guirnaldas en las puertas de sus enamoradas como símbolo de afecto.

Las manos entrelazadas de esta pulsera de principios del siglo XIX son un símbolo antiguo. En su día supusieron un contrato legal y llegaron a representar la fe y el amor.

135

EL LENGUAJE DEL AMOR

Símbolos de amor

Dos corazones atravesados por la flecha de Cupido son el emblema internacional del amor. Esta caja lacada es originaria de Olimala, en México.

tos solían elegirse en función de su asociación íntima con el cuerpo de la persona.

Una lista de los recuerdos que en la época medieval una mujer podía esperar, como consuelo por los viajes de su caballero andante, aparecía en el popular *Reglas del amor,* de André le Chapelain, en el siglo XIII: «…un pañuelo, una cinta para el pelo, una pulsera de oro o plata, un broche, un espejo o un cinturón, un bolso, una borla, un peine, manguitos, guantes (…), cualquier regalo pequeño que resultara útil para el cuidado de la persona, o agradable a la vista».

Este recuerdo podía, por supuesto, constituir un preludio al amor, o bien su propia confirmación.

En el *Sueño de una noche de verano,* del escritor inglés William Shakespeare, Egeo, el amante despreciado acusa a su rival de haber cautivado el corazón de Hermia al haber robado «la impresión de su fantasía / Con rizos de tu cabello, anillos, dijes, dichos ingeniosos, trucos, baratijas, ramilletes de flores, dulces…»

El deseo de sorprender a la persona amada con un inesperado regalo constituye un síntoma clásico de amor, aunque no por ello se debe pensar que resulta completamente altruista.

Perfumes, joyas, libros y prendas de vestir son los obsequios más tradicionales, junto con la música, desde una sencilla y conmovedora serenata hasta el último y perdurable CD.

Incluso una invitación a comer puede desempeñar un papel muy significativo.

Se dice que Cleopatra, por ejemplo, mandó asar un jabalí cada hora por si acaso Marco Antonio volvía.

La trayectoria del amor moderno continúa estando marcada por recuerdos y símbolos, quizá porque la necesidad de demostrar y reiterar este sentimiento es más fuerte que nunca.

A un regalo de un amante, o simplemente a una prenda de vestir con la que él o ella se engalanó en alguna ocasión, le pueden ser conferidas propiedades casi talismánicas.

Tampoco debe olvidarse que llevar la fotografía de la persona amada en la cartera o en la agenda constituye la forma moderna equiparable a los retratos en miniatura que los amantes han estado intercambiando a lo largo de los siglos.

Símbolos de amor

La forma del corazón se ha convertido en un sinónimo de la palabra amor; la ha reemplazado en camisetas y pegatinas.

¿El amor es para mí una luz? ¿Una luz constante,
una lámpara en cuya pálida fuente sueño
sobre los antiguos libros de amor? ¿O es un
   destello,
una linterna que se acerca desde lejos
bajando una oscura montaña? ¿Es mi amor una
   estrella?
¡Ah! tan alta, tan brillante y ¡tan fría!

El fuego baila. ¿Es mi amor una hoguera
saltando hacia el crepúsculo oscuro e intenso?
No, le temería. Soy demasiado fría
para un amor rápido y apasionado. Hay un brillo
dorado en los pétalos de estas flores cuando se cierran
auténticamente mías, de acuerdo con mis deseos.

Los pétalos de las flores se cierran. El sol
los olvida. En un bosque sombrío crecen,
donde los oscuros árboles se mecen
con un vaivén sombrío. ¿Quién las verá brillar
   cuando haya soñado mi sueño? Ah, mi amor,
encuéntralas, recógelas para mí una a una.

KATHERINE MANSFIELD (1888-1923)
«FLORES SECRETAS»

*E*lla camina hermosa, como la noche
de cielos despejados y noches estrelladas;
y lo mejor de la oscuridad y la luz
se entremezclan en su aspecto y en sus ojos:
así, con esa suave luz
que el cielo deniega al llamativo día.

Una sombra de más, un rayo de menos,
habrían minado la indecible gracia
que ondea en cada negro mechón de su cabello,
o suavemente ilumina su cara;
donde los pensamientos expresan con sereno dulzor
la pureza, el cariño de su existencia.

Y en esa mejilla, y sobre esa ceja,
tan suave, tan tranquila, aunque elocuente,
las sonrisas que ganan, los tintes que brillan,
y nos hablan sobre los días de bondad,
una mente en paz con los demás,
un corazón cuyo amor es inocente.

LORD BYRON (1788-1824)
«Ella camina hermosa»

EL CORTEJO

Un panel ilustrado del *Libro de las horas de Charles de Angoulême*.

La aristocracia del siglo XVIII disfrutaba coqueteando disfrazados de pastores.

Las complicadas y siempre cambiantes reglas del cortejo occidental se han basado habitualmente en la razonable presunción de que si un hombre quiere conseguir el corazón de una mujer su motivo principal es el sexo y no el amor. El cortejo es básicamente una forma de poner a prueba las declaraciones de amor masculinas.

Las tradiciones del cortejo se remontan al siglo XII, cuando los nobles del sur de Francia, basándose en ideales árabes, empezaron a desarrollar las artes del cortejo. Esta nueva moda romántica era en parte una elegante obra de teatro, un pasatiempo para esposas aburridas u hombres jóvenes. Las damas de la corte podían practicar sus habilidades en el flirteo sin el peligro de entrar en una relación ilícita. Los hombres, asimismo, podían así demostrar su encanto.

Los conceptos del amor secular como una gentil tiranía femenina, una prueba de la virtud de los hombres y una experiencia que da realce a la vida, han impregnado la mayor parte de la literatura romántica desde entonces.

Cuando el cortejo comenzó a ser visto como un preludio al matrimonio, el proceso cambió para convertirse en la manera de establecer la aptitud social y económica de un hombre.

En la sociedad del siglo XIX, la etiqueta del cortejo se volvió extremadamente formal.

Posteriormente, en Occidente, cuando las parejas comenzaron a elegir a sus cónyuges por amor, se desarrollaron poco a poco nuevas reglas del cortejo. Este hecho fue más evidente en Estados Unidos, donde las pruebas de amor se llevaban a cabo más en privado que en público.

Las cartas de amor escritas en la América del siglo XIX revelan una secuencia repetida en la que se manifiesta, primero la duda, luego se pide una prueba y, por últi-

En este detalle de *El parasol*, de Goya, una mujer joven es protegida del sol por un sirviente. Su mirada de reojo y la posición del abanico sugieren que domina las artes del coqueteo.

El cortejo.

mo, la confirmación; en ellas, las mujeres ponían a prueba las profesiones de amor de los hombres interponiendo un obstáculo tras otro en su camino. Este proceso de evaluación emocional, presagiado por Jane Austen en sus novelas, estableció las reglas modernas del cortejo.

En el mundo occidental actual, tanto el cortejo como el hecho de salir con alguien se llevan a cabo de una manera mucho más informal que, incluso, en la década de 1950. Sin embargo, en lo que se refiere al amor, la vinculación auténtica aún requiere pasar por un proceso de juicio emocional. La diferencia fundamental en las relaciones modernas es que tanto los hombres como las mujeres se ponen a prueba unos a otros teniendo siempre en cuenta una base que resulta, en gran medida, mucho más igualitaria.

> DE «EL PRELUDIO»
> *La bendición de caminar cada día*
> *en la flor de la vida*
> *a través de campos y bosques con la doncella*
> *que amamos*
> *mientras nuestros corazones son jóvenes,*
> *mientras aún respiramos*
> *nada más que felicidad.*
>
> WILLIAM WORDSWORTH (1770-1850)

La propuesta de matrimonio

Entre todos los rituales del amor, el que más impresiona es el de la propuesta de matrimonio. Este instante incluso supone una mayor carga emocional que el acto del matrimonio en sí mismo, y tanto el momento como el entorno en que tienen lugar cobran un significado perdurable. La propuesta de matrimonio exige un atrevido acto de fe, ya que no puede ensayarse antes ni deshacerse una vez expresado. No existe ningún otro momento de la relación en el que una persona resulte tan vulnerable y en el que todos sus planes y esperanzas de futuro dependan de su resultado.

La propuesta de matrimonio es, primordialmente, un drama emocional en Occidente, ya que las convenciones orientales sobre el arreglo de los matrimonios confían en que las parejas desarrollen el amor después de su compromiso, y no antes. Muchas tradiciones occidentales tienen sus raíces en las propuestas de matrimonio del siglo XIX, en las que los nerviosos amantes, que, a menudo, eran relativamente desconocidos, comenzaban a reducir las distancias

Esta ilustración de una revista de moda de 1921, llamaba *Oui!*, capta el momento en el que dos amantes maravillosamente vestidos acuerdan casarse durante un baile.

EL LENGUAJE DEL AMOR

En esta obra se representa unos esponsales. Un cupido ciego se prepara para disparar una flecha de amor a la princesa. Los restantes pretendientes observan inquietos su respuesta.

La propuesta de matrimonio

EL LENGUAJE DEL AMOR

que les separaban. La angustiosa incertidumbre solía verse reflejada en las frases entrecortadas o las torpes confesiones, como la brusca declaración de amor «Barkis quiere» en la novela de Charles Dickens, *David Copperfield*.

Por supuesto, no todas las propuestas tienen éxito. A veces, la tensión del momento puede resultar tan agobiante que se quedan cosas sin decir. Una de las escenas más intensas de la literatura es la de *Anna Karenina*, cuando Kozynyshev, súbitamente, decide proponer matrimonio a Varenka, a pesar de su juramento de lealtad a una antigua amante muerta, y se acerca a ella en los bosques. Él sabe que ella espera una propuesta «...pero en lugar de esas palabras, algún reflejo perverso le llevó a preguntar: "¿Cuál es la diferencia entre un boleto blanco y una seta de abedul?"» Ambos reconocen que el momento crucial está perdido y que nunca podrá ser recuperado.

Las propuestas modernas, a menudo manifestadas en una intimidad mucho mayor, aún suponen todo un reto para los amantes. A pesar de que existe cierta sofisticación en la actividad, el momento de la propuesta todavía implica un momento de exquisita dificultad.

La propuesta de matrimonio

EL LENGUAJE DEL AMOR

EL ANILLO

El anillo es uno de los objetos más antiguos que simbolizan el amor. Originalmente empleado como sello y emblema de autoridad, también es un símbolo único de compleción, eternidad y unión. Los antiguos anillos romanos de compromiso, hechos a base de hierro, estaban diseñados en forma de dos manos enlazadas que representaban el acuerdo del compromiso legal. Se cree que los primeros anillos de boda cristianos, que aparecieron alrededor del año 860 d. C., se llevaban en los dedos de la mano derecha.

En *La medida del anillo de boda*, un prometido comprueba con amor la medida del dedo anular de su amada.

La forma más común de anillo de matrimonio –una cinta de oro– se remonta a los tiempos del pueblo celta. Su clásica simplicidad hace que suela preferirse a otras versiones más vistosas, mientras que el oro, al ser considerado el símbolo de la constancia,

149

se ha convertido en el emblema oficial del amor duradero.

Los anillos de compromiso y otras joyas relacionadas con el amor han adoptado, tradicionalmente, otras formas más elaboradas, en especial en la Europa del renacimiento, cuando los anillos contenían pequeñas cámaras en las que se escondían diminutos corazones u otros recuerdos románticos.

El anillo de compromiso del siglo XVI estaba compuesto por dos secciones que encajaban y que las parejas separaban en el momento del compromiso. Después las vol-

Este retrato de *Marsilio y su esposa*, del artista italiano del siglo XVI Lorenzo Lotto, muestra el compromiso de una joven y adinerada pareja burguesa. Cupido, el dios del amor, observa con gran satisfacción cómo Marsilio pone el anillo en el dedo de la joven.

vían a unir como símbolo de amor el día de su boda.

Un rico y conocido lenguaje de las joyas investía a las piedras de un anillo de un significado especial.

Cada una estaba totalmente relacionada con la naturaleza del amor: rubí para el ardor, esmeralda para la sinceridad, granate para la constancia, amatista para Venus y un diamante para la incorruptibilidad del matrimonio. La cualidad perdurable de los diamantes también los convirtió en la elección natural del anillo de la eternidad, un juramento de compromiso después del matrimonio que igualmente se relacionaba, con frecuencia, con el nacimiento de los hijos.

El anillo

Sin embargo, quizá los anillos de mayor significado para sus propietarios son aquellos que se tienen en secreto, y, por tanto, nunca se muestran.

Este tipo de anillos suele estar impregnado del recuerdo de un amor muerto o bien desaparecido.

Después de su muerte, se descubrió que el rey inglés Guillermo de Orange llevaba atado a una cinta el anillo de boda que había entregado a la princesa María, entrelazado con un rizo de su cabello.

La boda

Antes del siglo XX, nunca se cuestionó si la boda tradicional tenía algo que ver con el lenguaje del amor.

En Occidente, donde el amor se considera un asunto privado, los elaborados rituales del matrimonio pueden parecer irrelevantes para una emoción intensamente personal. Sin embargo, una boda tradicional aún capta la imaginación y, sin duda, continúa siendo el espectáculo más evocador en el drama del amor.

Los regalos de boda, como esta funda de cojín griego del siglo XVIII, suelen ser obsequios importantes. Suponen los buenos deseos de futura prosperidad en el nuevo hogar de la pareja.

Durante milenios, el matrimonio ha sido un rito formal de transición. En las sociedades primitivas, para las cuales el orden en la sociedad humana resultaba inseparable de una armonía natural superior, se imbuían los ritos matrimoniales con un significado sagrado, ya que así parecían afirmar la continuación de la vida misma.

Los símbolos de fertilidad están presentes en los rituales del matrimonio de culturas muy diversas.

Entre los múltiples ejemplos de una boda occidental tradicional, se encuentran el hecho de que la novia lance el ramo o tirar granos de arroz, pétalos de flores o confeti a la pareja.

En el Japón moderno, muchas bodas aún son presididas por sacerdotes sintoístas, o *kannushi*, como reflejo de la estrecha asociación de la religión con la fertilidad y la renovación.

Incluso en un contexto secular, el lenguaje de los votos matrimoniales es solemne.

Aunque los estilos de las bodas han ido modificándose continuamente con el

La boda

Esta talla de Eric Gill muestra a una pareja enlazada en un fuerte abrazo. Juntos forman un corazón.

DE «LA NOVIA»

Finalmente el mundo dice sí;
me desea rosas e hijos.
Mis amigas me esperan en la puerta,
Llevando regalos de amor.

Camisas de celofán,
platos, flores, encajes...
Ellas besan mis mejillas, se maravillan
porque seré una esposa.

BELLA AKHMADULINA

La boda

fin de reflejar los valores de cada sociedad, su pretensión es, esencialmente, la misma.

Desde hace muchísimo tiempo, la unión de una pareja está rodeada de la mayor pompa posible, así como de diversos actos sociales, religiosos, mágicos y legales. Las leyes, las obligaciones, los votos y las costumbres de estas ceremonias incurablemente optimistas estaban diseñados para hacer que el matrimonio fuera tanto permanente como fructífero –aunque, por desgracia, y especialmente en la actualidad, todo el mundo conoce las inconsistencias del corazón humano.

Los mejores matrimonios se deben considerar personales más que formales, y en ellos se da la bienvenida a familia y

EL LENGUAJE DEL AMOR

amigos para compartir la felicidad de la pareja. La creación de nuevas y deliciosas formas constituye un tributo a los poderes humanos del amor, así como a la imaginación.

El *banquete de bodas*, de Boticelli, muestra a hombres y mujeres separados.

ARQUETIPOS DEL AMOR

El tejido salió volando y quedó flotando;
el espejo se cuarteó de lado a lado.
ALFRED LORD TENNYSON (1809-1892)
«LA DAMA DE SHALOTT»

Según la teoría de Carl Jung sobre el inconsciente colectivo, el ser humano hereda arquetipos culturales que influyen en la psique y dan cuerpo a los deseos y las ansiedades que permanecen más o menos constantes.

Incontables historias arquetípicas dramatizan y resuelven las principales tentaciones y retos del amor.

Persiste, sin embargo, el peligro de quedar hechizado por el arquetipo. La dama de Shalott, de Tennyson, tenía prohibido hacer otra cosa que no fuera tejer las imágenes que se reflejan en un espejo. Cuando se giró con el propósito de mirar directamente al apuesto Lancelot, su mundo idealizado quedó reducido a trizas.

EL DIOS DEL AMOR

La alegoría con Venus y Cupido, de Bronzino, muestra al desvalorizado dios del amor como un adolescente, entregado a un juego sensual con su madre. El cuadro, del siglo XVI, es una advertencia sobre los peligros de la promiscuidad erótica.

El dios del amor, Eros, fue descrito por primera vez por el poeta griego Hesíodo en el siglo VIII a. C.

Uno de los primeros dioses en surgir del Caos (según la *Teogonía* de Hesíodo), Eros, constituyó el principio fundamental de la vida: un deseo amoral e inexorable de mezclarse con todas las cosas: «el más hermoso de todos los dioses inmortales, que desata los miembros y supera todos los juicios y sabios consejos en los corazones de los dioses y todos los humanos».

Para los griegos, Eros representaba la fuerza y la urgencia del amor, más que su delicada sensualidad y placer. Estas cualidades también constituyeron la esencia femenina de Afrodita, que se convirtió en la deidad primaria del amor en los grandes poemas de Homero.

El *Symposium,* de Platón, devolvió a Eros su autoridad original, pero buscó separar su impacto espiritual de la pasión sexual humana.

El dios representaba un amor trascendental y altamente refinado, un ideal imaginativo que continúa fascinando y asombrando a los amantes desde entonces.

El dios del amor

La diosa romana del amor, Venus, era considerada la madre de Cupido. Él compartía su poder sobre las emociones humanas.

Más tarde, se asoció a Eros con el proceso de iluminación o de «enamoramiento». Una imagen de causa más que de efecto, Eros iba a todos los lugares equipado con un arco y flechas de deseo irresistible. Cabe destacar que en la mitología romana Eros era conocido con el nombre de Cupido, el hijo de Venus.

El dios del amor ya no era considerado una de las fuerzas primarias de la creación, sino un niño travieso que lanzaba las flechas del enamoramiento sin tomar en cuenta los sentimientos de aquellas personas que las recibían.

El testarudo cupido destacaba por su total falta de criterio, lo que reflejaba la visión del enamoramiento como un proceso totalmente aleatorio.

Su arbitrariedad se simbolizaba en el arte medieval con una venda sobre los ojos.

El «arquero ciego», de *Romeo y Julieta,* de Shakespeare, se convirtió en una imagen ampliamente aceptada del apremio sexual más bien despiadado, cruel y amoral.

DIOSAS DEL AMOR

Las diosas del amor constituyen un concepto aún más antiguo que Eros, pues han aparecido en muchas figuras mitológicas.

Sus primeras manifestaciones adoptaban el aspecto de deidades de la fertilidad, aspectos de la Madre Tierra de la que deriva toda la vida.

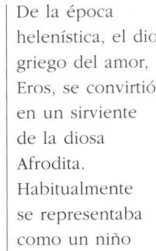

De la época helenística, el dios griego del amor, Eros, se convirtió en un sirviente de la diosa Afrodita. Habitualmente se representaba como un niño travieso.

MADRIGAL 52

Diana, desnuda en el sombrío estanque,
no trajo más embeleso a los ojos ambiciosos
de aquel que la observaba retozando a la fresca
que vislumbrar a una doncella
lavando una redecilla, la fina prenda
del cabello dorado, salvaje y adorable de mi dama;
y aunque el cielo ardía
tiemblo y me estremezco con el escalofrío del amor.

FRANCESCO PETRARCA (1304-1374)

ARQUETIPOS DEL AMOR

Diosas del amor

La violencia de la naturaleza estaba a menudo reflejada en la dualidad de los roles de las antiguas diosas: Ishtar, en Sumeria, y Astarté, en Fenicia, se consideraban estrechamente asociadas a la guerra, así como al planeta Venus y al amor.

La primera poesía del mundo dedicada al amor estuvo, probablemente, inspirada por la diosa egipcia Hathor.

Ella representaba el gentil y creador poder del amor, así como la fertilidad.

La mitología griega refinó algunos aspectos de las primeras deidades y dio forma a Afrodita, considerada el persistente arquetipo del amor sensual.

Su complejo y contradictorio carácter reflejaba los cambiantes estados de ánimo y las emociones experimentadas en el amor y provocadas por el mismo. Como Afrodita Pandemos, se casó con Hefesto, el herrero de los dioses, quien simbolizaba el intelecto creativo.

ARQUETIPOS DEL AMOR

El nacimiento de Venus, de Botticelli, ilustra una versión del origen de la diosa: su nacimiento de la espuma del mar y su llegada a la playa de Paphos.

Esta versión de Afrodita se centraba en los aspectos más sexuales del amor, que ya estaban implícitos en sus orígenes como deidad de la fertilidad.

Al ser terrenal y celestial, su naturaleza quijotesca era la personificación de las fluctuaciones desenfrenadas del amor.

Afrodita, conocida por los romanos como Venus, era considerada como la «diosa dulce y ganadora», pero también resulta celosa e infiel.

Posee un cinturón mágico de seducción, pero cuando se enamora del hermoso joven Adonis y descubre que éste es inmune a su magia, se muestra posesiva y exigente.

No obstante, esta diosa se ha considerado, asimismo, el arquetipo de la belleza femenina desde el siglo IV a. C., momento en que el escultor Praxiteles creó la sensual *Afrodita del Cnido*.

Asistida por las Tres Gracias, sus gentiles y sonrientes doncellas, ella se muestra poco gentil en su trato con los mortales que la han ofendido.

Así pues, Afrodita decide castigar a Hipólito por adorar a su rival, Artemisa. Para conseguir este propósito, pretende que su madre adoptiva, llamada Fedra, caiga rendida a los pies de él.

Amor y magia

El profundo impacto del amor siempre ha parecido mágico tanto por su imprevisión como por la intensidad.

Los románticos de todas las generaciones siempre han querido creer en un amor predeterminado o predestinado.

Cuando ya no ha sido posible creer en Cupido o en los dioses del amor, éstos se han sustituido por la astrología, la magia o el destino –del árabe *kismet*– para otorgar a su elección una confirmación mística.

La literatura confirma, en una ocasión tras otra, que las tragedias amorosas se encuentran predestinadas.

En el gran romance medieval de Tristán e Iseo, cuando Tristán acompaña a Iseo para que se case con su tío y señor, el rey Marco de Cornualles, la infeliz pareja bebe una poción de

Un hechicero aplica un embrujo en una pintura alemana del siglo XV, *La magia del amor*.

amor destinada a los futuros marido y mujer. Este hecho hace que ambos queden unidos por un amor culpable y traicionero, que sufran separaciones angustiosas y, finalmente, la muerte. La poción fatal constituye una metáfora del irresistible impacto del amor y el deseo.

La tradición y las leyendas también intentan encontrar explicaciones mágicas a los misterios del amor.

Los deseos conscientes o inconscientes siempre se han manifestado en historias de magia, encantamientos, metamorfosis y el desafío a las leyes de la física.

Lo que sucede en estos relatos, llenos de significado psicológico, se desarrolla como en un sueño, en el que uno se enamora o es amado con una facilidad sorprendente.

El amor a primera vista puede constituir una transformación mágica o incluso una desilusión.

Shakespeare se mofa de su efecto en *El sueño de una noche de verano*, donde Oberon afirma que el néctar de una flor llamada «amor en futilidad» que se frote sobre los párpados, «hará que un hombre o una mujer chocheen con locura / Por la próxima criatura viva que vean».

ARQUETIPOS DEL AMOR

La pasión resultante de Titania por Bottom, el tejedor, mágicamente dotado de una cabeza de burro, parodia las ilusiones de los amantes atrapados por la pasión.

La época moderna, secular y escéptica, mantiene su fascinación por el amor y la magia.

Ya sea buscando compatibilidades en los signos del zodíaco o empleando los poderes tradicionales de las hierbas para revivir el deseo, los amantes actuales continúan respondiendo en todo momento al poder irracional del amor.

Amor y magia

La obra de Gustav Klimt, *La serpiente marina*, representa a una mujer atrapada en el abrazo de un monstruo marino.

ARQUETIPOS DEL AMOR

El poder de la belleza

La teoría griega de la belleza ideal ha dominado la cultura occidental. El retrato de Sir Frank Dicksee, *Miranda* (superior), muestra a una dama vestida como una diosa griega.

Esta miniatura india (derecha) representa al dios Krishna deslumbrado cuando Radha le muestra su hermoso rostro.

La belleza siempre ha inspirado una serie de sentimientos ambivalentes, desde la devoción hasta la sospecha, desde la angustia hasta el gozo. Su impacto en la imaginación humana es enorme, de tal modo que confiere a su poseedor gran poder emocional.

El potencial peligro de la belleza femenina, al igual que las pasiones que puede inspirar, queda resumido en el mito de Elena de Troya. En *La Ilíada*, el poema épico de Homero, su belleza fue el catalizador de una larga y destructiva guerra entre Grecia y Troya.

Según este mito, las diosas Afrodita, Atenea y Hera reclamaban una manzana dorada para «la más hermosa» y fueron lo suficientemente vanidosas para acudir a un concurso de belleza en el que el juez era el joven rey troyano Paris.

Asaltado por las tentadoras ofertas de cada concursante, Paris eligió al fin a Afrodita, la diosa del amor, quien le prometió la mujer más hermosa del mundo. Para ello, ayudó a Paris a convencer a Elena, la reina de Esparta, de que abandonara a su marido y huyera con él hasta Troya. Tras diez años de guerra, las vengadoras flotas griegas destruyeron Troya y a sus habitantes.

Esta antigua historia es una metáfora épica sobre la ambivalente relación entre la belleza y el amor, así como la destrucción que puede provocar en un matrimonio.

Una gran hermosura puede inspirar deseo, celos o traición; asimismo, es posible que provoque rivalidad, falta de armonía y guerra.

Históricamente, el impacto de la belleza ha alejado a los políticos y a los soldados

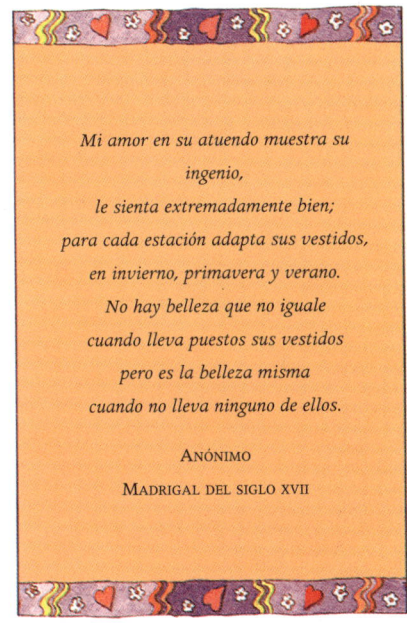

Mi amor en su atuendo muestra su ingenio,
le sienta extremadamente bien;
para cada estación adapta sus vestidos,
en invierno, primavera y verano.
No hay belleza que no iguale
cuando lleva puestos sus vestidos
pero es la belleza misma
cuando no lleva ninguno de ellos.

ANÓNIMO
MADRIGAL DEL SIGLO XVII

Júpiter e Io, de Antonio Correggio, ilustra la historia de la hermosa sacerdotisa de Argos, amada por Júpiter (Zeus). El dios la transformó en una vaquilla para protegerla de la envidia de su esposa Juno (Hera).

del camino del deber y ha decidido el destino de reinos e imperios. «Si la nariz de Cleopatra hubiera sido un poco más pequeña, la faz del mundo podría haber cambiado», escribió el filósofo francés Blaise Pascal.

Pascal menciona aquí una verdad sobre la belleza: que su poder, en el fondo misterioso, puede estar relacionado con un detalle irresistible.

Tanto la masculina como la femenina, la belleza depende de la personalidad, así como de las modas estéticas y culturales que prevalecen en el momento.

Sólo se han de comparar los vientres redondeados, los delgados brazos y los diminutos pechos de las bellezas medievales con los cuadros de Rubens y sus diosas de grandes pechos y robustos cuerpos para ver cómo cambian los ideales de belleza.

Lo que permanece constante sobre la belleza es su deseo y la fascinación que ejerce sobre aquel que cae bajo su embrujo. «Si en alguna ocasión vi alguna belleza», escribió John Donne, «Que deseara y obtuviera / fue un sueño de ti.»

El poder de la belleza

La cortesana

En época preislámica, en Asiria, Persia y Egipto, la mayoría de las cortes tenían un harén, donde cohabitaban la mujer, las concubinas y las sirvientes.

En principio, la cortesana puede parecer representar la antítesis del amor, pero en cierta manera su historia es espectacularmente romántica.

Desde las *hetairae* de la antigua Grecia hasta las poderosas amantes de los reyes del siglo XVII, las cortesanas han sido objeto de amor y pasión idealizados.

Históricamente, muchas recibían la carencia de amor propia de los matrimonios aristocráticos de conveniencia, aunque, por otra parte, no era únicamente amor lo que los hombres buscaban en este tipo de relaciones.

La auténtica cortesana era, tradicionalmente, mucho más que una prostituta hermosa. En el Mundo Flotante del Japón del siglo XVII, las *oiran*, o cortesanas mayores, eran mujeres de gran educación, expertas en música y poesía, así como en las artes del amor.

Las *hetairae* griegas podían relacionarse socialmente con los hombres y, con frecuencia, tenían más influencia sobre ellos que sus mujeres.

Jenofonte, el famoso filósofo clásico griego, afirmó que la *hetaira* Diotima le en-

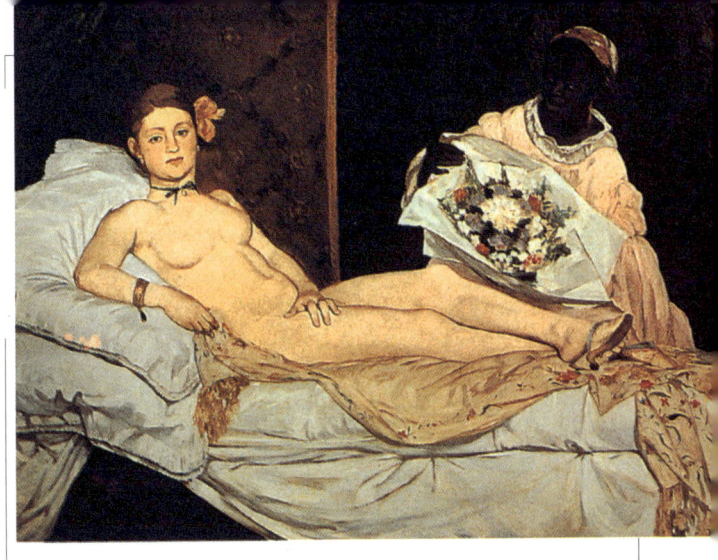

señó todo lo que sabía sobre el amor excelso, mientras que otra *hetaira*, llamada Phryne, es citada por Plutarco como una hechicera de gran renombre que inspiró, entre muchos otros, al célebre escultor Praxíteles.

Las cortesanas con más éxito eran capaces de provocar el abandono de las mujeres por parte de los maridos –y en algunas sociedades, a sus propios maridos– pues a menudo exigían un amor muy intenso.

La mayoría de las cortesanas más conocidas de la historia también eran cultas y sofisticadas, y disfrutaban de un poder y un prestigio considerables.

La obra de Manet, *Olympia*, que representa a una prostituta y a su sirviente negra, provocó gran escándalo cuando se expuso en el Salón de París, en 1865. La mirada provocativa e intensa de la modelo desafiaba al observador con la afirmación de su sexualidad.

Un grabado del siglo XVII, *Amantes*, del artista japonés Kitagawa Utamaro. En la cúspide de su carrera, Utamaro realizó grabados de las concubinas de Toyotomi Hideyoshi, el jefe militar.

Roxelana Sultan, supuestamente una esclava rusa, terminó su carrera en el siglo XVI dirigiendo el harén de Suleiman el Magnífico y aconsejando al soberano otomano en su guerra contra el sultanato egipcio.

Asimismo, famosa entre las *cortegiane* del renacimiento italiano era la poetisa Tullia d'Aragona, una mujer cuyos escritos filosóficos tenían el poder de conquistar las mentes de los hombres, mientras que sus llamativos y bellos ojos atrapaban sus corazones.

En Francia, mujeres extraordinarias como La Pompadour y Diane de Poitiers cautivaron a los reyes y utilizaron la fuerza del amor con el fin de influir en el desarrollo de la historia.

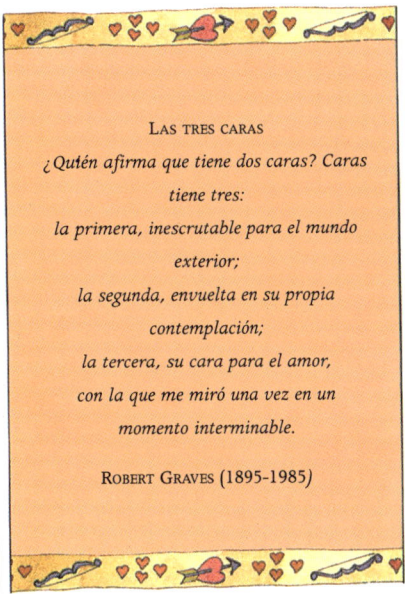

LAS TRES CARAS

¿Quién afirma que tiene dos caras? Caras tiene tres:

la primera, inescrutable para el mundo exterior;

la segunda, envuelta en su propia contemplación;

la tercera, su cara para el amor, con la que me miró una vez en un momento interminable.

ROBERT GRAVES (1895-1985)

LA IMAGEN DEL DESEO

Esta ilustración de Aubrey Beardsley fue creada para *Salomé*, de Oscar Wilde. La obra ilustra la pasión de Salomé por san Juan Bautista, un sentimiento asesino cuando su ideal desprecia su amor.

Encontrar y enamorarse del hombre o la mujer soñado o soñada no es tan común como a uno le gustaría creer.

Sin embargo, la búsqueda de un ideal preconcebido atrae a la imaginación del ser humano. Si el ideal no está disponible, los mitos han explorado la posibilidad de crearlo.

La historia de Ovidio sobre Pigmalión describe el impulso de modelar un objeto amado según el propio deseo.

El escultor Pigmalión, disgustado por el comportamiento promiscuo de las mujeres de Chipre había prometido no casarse nunca. Como resultado, canalizó sus anhelos por una belleza más pura en la talla de una estatua de marfil con la forma de una mujer, de la que se enamoró desesperadamente. Venus, la diosa romana del amor, sintió lástima por él y dio vida a la estatua.

La comedia de George Bernard Shaw, *Pigmalión*, reinterpretó la fábula en el contexto de principios del siglo XX.

Eliza Doolittle, una florista inglesa, es transformada en una dama espléndida por el egoísta profesor Higgins. Sin embargo, una vez concluye el experimento ésta le informa de que tiene la intención de independizarse. Este final psicológicamente convincente es característico de todo este tipo de relaciones amorosas.

Con frecuencia, se fundan en el narcisismo de la parte dominante, que sólo ama lo que ha creado y siente rencor por cualquier expresión de identidad individual.

Las imágenes modernas de deseo suelen provenir de estrellas cinematográficas o musicales.

La redirección del propio deseo hacia una persona del mundo cotidiano es un paso significativo en el desarrollo emocional.

Sin embargo, todo el mundo puede considerarse Pigmalión en cierto grado. En este sentido, resultaría imposible enamorarse sin algún tipo de concepción previa de lo que se piensa que es la otra persona.

La obra de Jean-Léon Gérome, *Pigmalión y Galatea*, capta el milagroso momento en el que la estatua de Galatea cobra vida y besa a su escultor.

La imagen del deseo

La virgen y el unicornio

Un detalle de un tapiz del siglo XV (superior) llamado *La dama y el unicornio*.

En tiempos medievales, el unicornio era reflejo del Espíritu Santo, mientras que la dama era la Virgen María (izquierda).

Una de las paradojas del amor humano más profundo es que representa una síntesis imaginativa de los deseos espirituales y los sensuales.

Durante siglos, esta aparente contradicción condujo a los moralistas cristianos a argumentar que todo amor carnal era pecaminoso, excepto cuando su fin era la procreación dentro de un matrimonio legal.

De la lucha por reconciliar la sexualidad con la pureza surgió la leyenda de la virgen y el unicornio.

El símbolo medieval con el que se representaba el amor puro se hacía patente en una bestia legendaria: un gracioso animal blanco que se asemejaba al órix, un antílope árabe, con un cuerno con forma de espiral en la frente, la cabeza con crin y el cuerpo de un caballo, las patas de un antílope y la cola de un león.

En el siglo XV, cuando el famoso conjunto de tapices de *La dama y el unicornio* fue confeccionado para Jean le Viste, duque de Arcy, el símbolo ya se había convertido en una compleja alegoría del amor espiritual.

La convención sexual del macho que daba caza a la hembra deseada fue invertida, de modo que el amor erótico quedó sublimado en ternura.

El escurridizo y fiero unicornio con su fálico cuerno únicamente podía ser capturado por una virgen, en cuyo regazo descansaría su cabeza.

En el ámbito secular, el unicornio encarna aspectos tales como la fuerza, la libertad y la virilidad masculinas. También se somete a la doncella, como requerían las convenciones del amor cortés de que el caballero rindiera tanto su corazón como su autonomía a su dama.

Sin embargo, en el centro mismo de la fábula persiste una idea: que la bondad tiene poder sobre el frenesí, y que el amor tiene la posibilidad de refinar y controlar las emociones, al mismo tiempo que es capaz de avivarlas.

LA BESTIA ADORADA

Una de las historias de amor más conmovedoras es la fábula de la Bella y la Bestia, famosa por la versión de madame Leprince de Beaumont de 1757.

Su heroína se muestra de acuerdo en entrar en el castillo de un monstruo como rehén para salvar a su padre. El monstruo se enamora de ella y comienza a languidecer cuando se da cuenta de que ella se encoge de horror al verlo. Al descubrir su bondad, y tras apiadarse de su angustia, llega a besarle, con lo que descubre que realmente se trata de un príncipe.

La Bestia constituye una figura recurrente en los cuentos de hadas, donde la apariencia se muestra en total desacuerdo con la realidad.

Zeus en forma de toro en *El rapto de Europa*, de Francesci (superior), y en *Europa y el toro*, de Henry Fuseli (inferior).

La bestia adorada

En otra manifestación, se trata del repugnante rey sapo, capaz de escapar de su desagradable piel únicamente gracias al deseo de otro de ver a través de ésta.

Como percibió el moralista inglés G. K. Chesterton, la verdad que estas leyendas revelan «es que una cosa debe ser amada antes de ser encantadora».

El poder del arquetipo radica en un anhelo universal de ser amado por lo que uno es, más que por lo que aparenta.

Las historias en las que la Bestia es un animal tienen un trasfondo diferente y más perturbador. A partir de las sátiras de la mitología griega en adelante, la bestia ha sido un símbolo recurrente de la lujuria masculina, que, al mismo tiempo, resulta atractiva y repelente. Los enigmáticos y melancólicos héroes de la ficción romántica refinan el arquetipo, pero mantienen el poder de su sexualidad subyacente.

DE «LEDA Y EL CISNE»

Una ráfaga: las alas batiendo sobre la asombrada doncella, sus muslos acariciados por las patas, su nuca atrapada en su pico, mantiene su pecho desvalido sujeto sobre el suyo.

¿Cómo pueden dedos aterrados e indecisos alejar esa gloria emplumada de sus muslos flácidos?
¿Y cómo puede el cuerpo, con ese ímpetu, sentir otra cosa que el corazón latiendo donde yace?

W. B. YEATS (1865-1939)

182

El obstáculo

Si existe un mensaje fundamental sobre el amor en toda la literatura es que alcanzar el amor verdadero supone una batalla. Cada amante, dijo Ovidio, es un soldado, y el amor siempre se ha considerado un premio por el que hay que luchar.

No hay parejas en la literatura –o al menos ninguna que valga algo la pena recordar– que no hayan tenido que hacer frente a obstáculos, en algunas ocasiones terribles, para poder estar juntos.

La historia reciente incluye dos historias de amor que provocaron lealtades divididas. El 30 de enero de 1889, el joven archiduque Rudolph, príncipe heredero de Austria, fue encontrado muerto en su cabaña de caza en Mayerling debido a un disparo de su propio revólver.

Mantegna pintó el amor de Marte, dios de la guerra, y Venus, diosa del amor.

ARQUETIPOS DEL AMOR

Una posible desilusión parental es el tema del cuadro *Confía en mí* (superior) del artista prerrafaelita Sir John Everett Millais.

Hero esperando el regreso de Leandro (izquierda) de Evelyn de Morgan retrata a la sacerdotisa cuyo amante cruzaba el Helesponto cada noche a fin de visitarla.

A su lado se encontraba el cuerpo de la baronesa Maria Vetsera, de sólo dieciocho años. El príncipe heredero eligió la muerte antes que vivir desgarrado entre su matrimonio y su amor por Maria, y parece que ella escogió morir con él. «Perdóname por lo que he hecho», escribió la baronesa a su madre, «no pude resistirme al amor.»

Tampoco pudo hacerlo cincuenta años más tarde el rey británico Eduardo VIII, cautivado por la americana Wallis Simpson.

En Reino Unido, provocó una crisis constitucional al conocerse su deseo de casarse con una mujer divorciada. Eduardo abdicó del trono en 1936 para poder casarse con Wallis Simpson y vivir con ella en el extranjero en un exilio voluntario.

Es posible que los amantes modernos no se encuentren nunca en el dilema de tener que elegir entre su reino y su amor, y raras veces se enfrentarán a la muerte por el otro. Sin embargo, las historias dramáticas sobre los obstáculos interpuestos entre los amantes continúan siendo fascinantes, pues son idealizaciones de la propia experiencia.

El obstáculo

El obstáculo

Todo el mundo sabe cómo aumenta la emoción cuando el amor se enfrenta a un obstáculo, y no se ignora la ironía de que el amor sólo se define claramente cuando de alguna manera se ha visto frustrado.

Las obras literarias han dramatizado con gran frecuencia las pruebas a las que se enfrenta el amor de mil formas diferentes, desde los bosquecillos y las zarzas que se alzan en el camino de los pretendientes hasta los impedimentos materiales del dinero, o incluso las restricciones de clase social (que separaba a Heathcliff de Cathy en *Cumbres borrascosas*).

Las diferencias políticas también pueden acosar a los amantes: la novela de Boris Pasternak, *El doctor Zhivago,* describe la trágica separación de Lara y Zhivago como consecuencia de los odios ideológicos provocados por la guerra civil que tiene lugar después de la revolución rusa.

El desacuerdo de los padres es un elemento recurrente de las pruebas a las que se somenten los amantes jóvenes, tal y como se hace patente en el cuento de Ovidio sobre Píramo y Tisbe.

Estos amantes desafían a sus padres hablando a través de una grieta que se encuentra en la pared que separa las dos casas, antes de que la creencia errónea de que Tisbe ha muerto haga que Píramo acabe con su vida.

La historia de Romeo y Julieta, fatalmente separados por la enemistad entre las familias de los Montesco y los Capuleto, ejemplifica universalmente a los amantes desgraciados.

Las tensiones políticas o religiosas modernas han generado más ocasiones para ilustrar este tema tan antiguo.

La presión emocional de conservar un hijo en casa, en especial una hija, puede ser un obstáculo adicional a un amor afortunado. Esta presión puede ser ejercida por un progenitor de muchas maneras y todas muy sutiles; por ejemplo, Mr. Woodhouse, de la novela de Jane Austen *Emma*, enferma oportunamente cada vez que se presenta una situación con la que podría no estar conforme.

No obstante, el amor sobrevive y prospera a pesar de los múltiples obstáculos. Los amantes jóvenes desafían a sus padres y se fugan, o al menos sueñan con ello.

Sin embargo, otros romances simple y trágicamente se esfuman antes de comenzar debido a los pequeños e inesperados caprichos del destino.

El obstáculo

La prisionera en la torre

La imagen de una mujer hermosa prisionera en una torre es un motivo recurrente en el arte y la literatura.

Carl Jung la identificó como un arquetipo psicológico fundamental.

Para él simbolizaba la búsqueda inconsciente del *anima* –la parte femenina de la psique masculina– de cada hombre.

Al enamorarse, los hombres buscaban descubrir la proyección de su *anima* (la princesa en la torre).

Sin embargo, la imagen, además, puede poseer un simbolismo más amplio. La torre es percibida como el emblema masculino de la ambición; en términos de amor, también puede representar la pureza e inaccesibilidad femeninas. En el arte, la mujer en la torre

En la mitología, las torres están relacionadas con la castidad femenina, bien sea autoimpuesta u obligada por otros –una situación de la cual la heroína suele ser rescatada.

189

ARQUETIPOS DEL AMOR

La prisionera en la torre

Este cuadro bengalí muestra una pareja intentando fugarse juntos a lomos de un elefante.

o el castillo simboliza específicamente la castidad.

En la magnífica alegoría medieval *Roman de la Rose*, el amante debía atacar el Castillo del Amor para tomar su rosa y alcanzar el deseo de su corazón.

En relatos similares, el alegórico Castillo del Amor solía estar guardado por los Celos.

La implicación del arquetipo era que la prisionera en la torre debe aguardar pasivamente el rescate, antes que tomar cualquier iniciativa por sí misma.

La adaptación moderna de esta idea se describe en *El arco iris*, de D. H. Lawrence, donde se refleja la creciente madurez de la heroína de la novela: en su infancia se había quedado arrebatada por la historia de Elaine, apartada del mundo y custodiando fielmente el escudo de Lancelot, pero la Ursula adulta tiene la confianza suficiente para dejar su torre imaginaria atrás y, como cualquier otra mujer moderna, salir a buscar el amor.

190

ARQUETIPOS DEL AMOR

El caballero

En la película clásica de 1942, *Casablanca*, Humphrey Bogart (derecha), en el papel de Rick, salva las vidas de su antigua amante y de su marido.

Lancelot del Lago, representado en la parte inferior mientras toma un castillo, fue modelo de caballerosidad y valentía.

El caballero de brillante armadura ha sido uno de los arquetipos del amor más perdurables –quizá porque responde a cierto tipo de deseos tanto en hombres como en mujeres. Su ejemplo más conocido, Lancelot del Lago, fue tan valiente y aventurero como cualquier hombre querría ser. Pero, a la vez, también estaba impulsado por el amor: se hallaba tan cautivado por la reina Ginebra que era capaz de enfrentarse a cualquier peligro, aceptar cualquier humillación y traicionar cualquier lealtad, excepto la que sentía hacia ella.

Lancelot es una figura originada en las tradiciones del amor cortés de la Francia del siglo XII.

El extenso poema de Chrétien de Troyes, que celebra sus triunfos, se escribió gracias al mecenazgo de una mujer, Marie, condesa de Champagne. Así, el caballero de tradición romántica, al menos en sus orígenes, no fue simplemente el fruto de la fantasía del poder masculino, a la que, en ocasiones, se le reduce (un caballero conquistador que a lomos de un caballo rescata a damiselas en apuros).

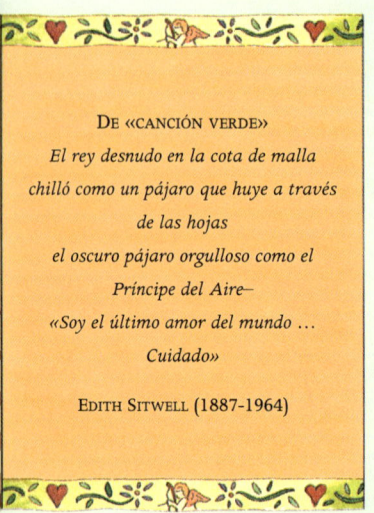

DE «CANCIÓN VERDE»
El rey desnudo en la cota de malla
chilló como un pájaro que huye a través
de las hojas
el oscuro pájaro orgulloso como el
Príncipe del Aire–
«Soy el último amor del mundo ...
Cuidado»

EDITH SITWELL (1887-1964)

La libertad de acción de Lancelot se vio comprometida por su amor por Ginebra, la esposa de su propio señor. Ella fue la fuerza que dirigió su vida, y parece que debió de haber disfrutado de su poder poniendo a prueba su amor con retos más bien crueles o arbitrarios. «El caballero que marcha en busca de nuevas aventuras ofende a su dama, pero ella sólo debe despreciarle si él permanece a sus pies», apuntó Simone de Beauvoir.

La imagen del caballero ha asumido diversas formas desde las primeras novelas medievales.

La novela de Cervantes, *Don Quijote*, es una parodia del idealismo del código caballeresco que se manifiesta en su en-

ARQUETIPOS DEL AMOR

cantador, pero incompetente, antihéroe. Pero la caballerosidad no se trataba de un coto reservado a los hombres.

Mediante la figura ambivalente del caballero femenino típico de la poesía del renacimiento se explotaba el contraste entre la armadura acerada y los miembros suaves y pálidos para lograr una gran carga erótica.

La figura romántica del caballero masculino se admiró en el siglo XIX por las vir-

En *San Jorge y el dragón*, de Paolo Uccello, se representa al patrón de Inglaterra matando al dragón para liberar a la doncella cautiva, un tema recurrente en cuentos y mitos.

El caballero

tudes a las que se le asociaba, como el coraje, el honor y la cortesía hacia las damas. En Gran Bretaña, esta admiración se expresó en el trabajo de los pintores prerrafaelitas, muy influenciados por las leyendas del rey Arturo, y por poetas como Alfred, Lord Tennyson.

El papel más bien pasivo de las mujeres en muchos de estos relatos –hermosas, en peligro, pero dependientes de un hombre para que las rescate y las proteja– puede ser un signo de la inseguridad de los hombres de la época respecto a la creciente demanda de las mujeres por una mayor libertad económica y social.

Hoy en día, el tema del rescate ha comenzado a parecer arcaico, ya que las relaciones igualitarias suponen un ideal de apoyo y ayuda mutua.

Sin embargo, como figura de amor fiel y coraje ingenioso, es poco probable que desaparezca de la tradición romántica. ¿Quién era, si no un moderno caballero errante, la figura que había detrás de Humphrey Bogart en *Casablanca* o de Gary Cooper en *Solo ante el peligro*?

ARQUETIPOS DEL AMOR

JARDINES DE LOS SENTIDOS

El jardín ha ofrecido a los amantes un extraordinario escenario sensual a lo largo de la historia. Un jardín auténtico es un mundo aparte, una idealización de la naturaleza situada en un marco definido. En este espacio romántico y perfecto, los escritores y los artistas han vertido sus complejas y ambivalentes alegorías del Edén, de inocencia y tentación, de beatitud pastoral y erótica sensualidad.

Los poetas han tomado prestada la imaginería de los jardines y la naturaleza con el fin de evocar el florecimiento del amor (así como su carácter efímero) y la fertilidad de

Este jardín amurallado medieval de un manuscrito del siglo XV presenta una alegoría de las delicias terrenales que recuerdan el Edén bíblico.

Jardines de los sentidos

ARQUETIPOS DEL AMOR

Jardines de los sentidos

las mujeres, o simplemente para celebrar lo que se conoce como la auténtica belleza física.

(«Ella abrió sus ojos», escribió D. H. Lawrence, «y verdes / brillaban como flores en ciernes / Por primera vez, vistas ahora por vez primera».)

El ambiente de un jardín puede ser inocente o libidinoso, pastoral o exótico.

Desde el punto de vista judeocristiano, el jardín ideal es el jardín bíblico de la castidad –el Edén antes de la Caída, o el jardín cerrado descrito en el Cantar de los Cantares bíblico: «un jardín cerrado es mi hermana, mi novia».

El Cantar de los Cantares es, en sí, una evocación poética de los antiguos jardines amurallados de Persia. De hecho, el término árabe con el que se designa paraíso, *aljanna*, significa jardín.

Esta caja francesa de rapé de 1749 (izquierda) está decorada con exóticos claveles: un símbolo de compromiso y un popular emblema en los regalos intercambiados por los amantes.

Una miniatura india (inferior), de hacia 1780, muestra a un príncipe y a su amante en un jardín.

196

ARQUETIPOS DEL AMOR

Jardines de los sentidos

Esta obra del renacimiento (superior) muestra a Flora, la diosa romana de las flores. Ella disfrutaba de la primavera eterna en un jardín de flores y frutos, donde las Gracias tejían guirnaldas para sus cabellos. Aquí, reposa en un entorno de estilo italiano.

En el arte secular y en la poesía, el jardín proporciona un escenario perfecto para seducir a los sentidos, quizá de forma abrumadora. El imperativo sexual se manifiesta en el mundo natural: las flores, los insectos y las aves se reproducen como si formaran parte de una gran fuerza creadora.

Sin embargo, en la creación de un jardín armonioso, las fuerzas más salvajes están reprimidas; han triunfado el orden y la sofisticación.

En la mayoría de las novelas cortesanas medievales, como, por ejemplo, el *Roman de la Rose*, el jardín se convierte en un elegante campo de batalla en la lucha que se establece por la virtud.

El papel del jardín en la novela medieval era más que simbólico, ya que permitía una agradable tregua de los atestados espacios comunitarios interiores.

En el renacimiento, los jardines se convirtieron en importantes campos de juego de estilo muy elaborado en los que ocultos surtidores de agua podían sorprender a los amantes –quienes, a su vez, podían sorprender al otro, como Jane Eyre descubre cuando Rochester le propone matrimonio en el jardín de Thornfield.

Cuando los amantes modernos se pasean entre rosales, se ven influenciados tanto por el peso de las románticas alusiones como por las vistas y los aromas que les rodean.

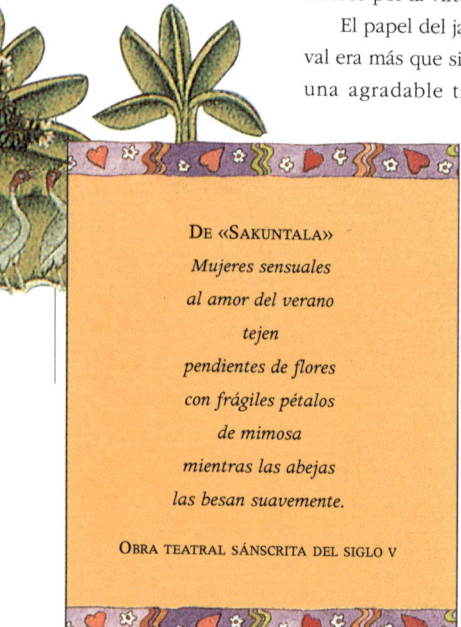

De «Sakuntala»
*Mujeres sensuales
al amor del verano
tejen
pendientes de flores
con frágiles pétalos
de mimosa
mientras las abejas
las besan suavemente.*

Obra teatral sánscrita del siglo V

LA ROSA MÍSTICA

La relevancia de la rosa como símbolo de amor se remonta a la antigüedad, cuando era sagrada para las deidades del amor, en especial para la diosa griega Afrodita. Sus sacerdotisas llevaban rosas blancas (como signo de virginidad) y los senderos que había alrededor de sus templos se cubrían con pétalos de rosa.

Junto con su equivalente oriental, el loto, la flor se convirtió en un símbolo perdurable del deseo tanto humano como espiritual, que con el tiempo adquirió un significado místico más profundo. El botón cerrado se convirtió en una metáfora del corazón. Los pétalos que se abrían eran una alegoría no sólo del nacimiento y de la fuente de la vida, sino también de crecimiento espiritual.

En el budismo tántrico, la fusión de las aspiraciones sexuales y espirituales se describe como «la joya en el loto».

El cristianismo tardó mucho más tiempo en aceptar a la rosa como símbolo comparable del amor humano y divino, ya que hasta el siglo XIII no apareció una alegoría influyente sobre la rosa mística, el *Roman de la Rose*.

La rosa blanca sugiere juventud y pureza, la amarilla infidelidad y la rosa roja representa la pasión.

Este voluminoso poema, comenzado por Guillaume de Lorris en 1236 y ampliado generosamente por Jean de Meun cuarenta años más tarde, describe el arte del amor como una disciplina plagada de obstáculos, que requiere el paulatino desarrollo del autoconocimiento. En este poema, el joven héroe desea apasionadamente cortar una rosa (el yo más íntimo de la persona amada) en el jardín del amor, pero descubre que debe soportar muchas frustaciones antes de poder hacerlo.

El misticismo de la rosa es profundamente ambiguo: puede resultar romántico, sagrado y erótico.

La rosa simboliza la generosidad de Dios, la gloria de la naturaleza misma, la belleza de la persona amada y la promesa de un amor humano.

La imagen de un paraíso terrenal, un jardín de rosas, también puede representar un rosario (literalmente, un jardín de plegarias a la Virgen María, la Rosa del Cielo).

En este sentido, el corazón de Cristo constituye una rosa incendiada por el amor y sus espinas representan un símbolo de la Pasión de Cristo.

Muchas representaciones medievales del amor cortés están ambientadas en jardines, lo que tiene connotaciones cristianas y sensuales a la vez.

Una rosa de color rojo constituye una imagen profusamente cargada de cierto despertar sexual, lo mismo que de la vulva en sí misma.

El aroma que exhala la rosa, durante mucho tiempo el ingrediente secreto de los

Hacia el final del *Roman de la Rose*, el héroe-poeta, después de completar una serie de pruebas, alcanza la rosa de su elección.

perfumes, constituye un poderoso afrodisíaco, conocimiento que ya poseía la propia Cleopatra cuando recibió a Marco Antonio en una habitación llena de pétalos de rosas.

Es un pequeño milagro que el amor pueda declararse con una sola flor.

El beso

Posiblemente, es difícil encontrar otro término cuya definición en un diccionario sea más pobre que la que se da de un beso: «un toque o presión dado con los labios como signo de afecto, saludo o reverencia».

El beso de los amantes, por supuesto, es infinitamente más que esto. Constituye un momento psicológico de enorme poder que redefine todos los sucesos anteriores.

Así, un beso puede hacer parecer que el tiempo se detiene, que el mundo desaparece y vuelve transformado. Se produce un intercambio del aliento de la vida cuando se besa labio contra labio o nariz contra nariz, como hacen los maoríes o los esquimales.

El beso es un acto de unión, y se reconoce como tal en diferentes contextos religiosos y seculares.

En los cuentos de hadas, el beso lo cambia todo. Es el momento determinante de muchas de estas historias, las cuales, relatan mediante esta metáfora el despertar de la conciencia sexual.

El beso, de Auguste Rodin, es una obra extremadamente sensible y sensual, tallada en mármol.

El beso

La Bella Durmiente, Blancanieves y la Brunilda durmiente de Wagner son despertadas con un beso de su largo sueño preadolescente.

Para los novelistas que describen el cortejo occidental, el primer beso de los amantes puede ser un momento de delicada intensidad, en ocasiones un cataclisma, realzado por la demora.

En *Cumbres borrascosas,* de Emily Brontë, Heathcliff espera cuatro años para besar a Cathy, y después de ello «ni habló, ni aflojó su abrazo durante unos cinco minutos, y en este período besó más veces que nunca en toda su vida».

El beso, tan simple y con tal poder transformador, es un gesto humano genuino que puede celebrar la ternura y la pasión en un momento único y extraordinario.

*El agua del amor
que lo inunda todo, y no deja
nada que el ojo pueda ver y no cubra.
No hay ángulo
que el mundo pueda asumir y que el amor
en mi visión no pueda convertir en un símbolo
de amor.
Incluso la precisa geometría
de su mano, cuando la admiro,
me disuelve en agua y fluyo
en un torrente de amor.*

ELIZABETH SMART (1913-1986), DE *En Grand
Central Station me senté y lloré.*

LA NOCHE DE AMOR

Los amantes siempre han reclamado la noche como suya, ya que se considera un mundo aparte, separado de las complejidades de las horas del día.

Como se refleja en las canciones y en los poemas de amor a través de los siglos, la noche se percibe como aliada de los amantes y forma parte de su conspiración para esconderse.

«La noche fue hecha para amar», escribió Lord Byron, y la Julieta de Shakespeare llama a la «noche que procura amor» para que «extienda su espesa cortina».

El amante del famoso poema de John Donne «El sol naciente» intenta prolongar la noche alejando al sol: «Viejo tonto y trabajador, ingobernable sol / ¿Por qué entonces / nos llamas a través de las ventanas y las cortinas? / ¿Deben guiarse por tu movimiento las estaciones de los amantes?»

Sin embargo, es inevitable que el amanecer vuelva, junto con el miedo de los amantes a descubrir que las delicias de la pasada noche no han sido más que una ilusión.

En esta escena matutina (superior), un hombre se prepara para dejar a su amante, que yace en un placentero abandono sobre el lecho. La ropa esparcida en el suelo es un signo de una noche de pasión.

Amantes (derecha), un grabado de linóleo de John Buckland Wright, muestra a una pareja rodeada por las llamas de su pasión.

La noche de amor

Las mujeres, a lo largo de la historia, han temido, y sufrido el hecho de que cuando las tareas del día recuperan la atención del hombre, éste las abandona y se retira al mundo «racional».

El conocido relato árabe *Las mil y una noches* dramatiza estos miedos al rechazo masculino. En él se narra la historia del todopoderoso sultán Schahriah, quien promete tomar una nueva esposa cada noche y acabar con la vida de cada una de ellas al amanecer con el fin de evitar cualquier posible infidelidad.

Sin embargo, la encantadora e inteligente heroína Scherezade es más lista que él, puesto que consigue sobrevivir cada noche al comenzar a explicarle una interesante historia y prometer concluirla y contarle otras la siguiente noche.

Después de un oneroso número de noches repletas de historias, convence al sultán de que revoque el decreto y la proclame liberadora de las mujeres.

Este cuento es una antigua llamada a las armas de las mujeres contra los encuentros puramente sexuales, o de una única noche de amor.

EL DONJUANISMO

La idea de que el amor es un divertido y placentero juego de persecución, conquista y retirada ha existido durante siglos en culturas muy diferentes.

Aún continúa siendo un concepto predominantemente masculino, si bien no siempre los «agresores» han sido los hombres ni las «víctimas» las mujeres. Algunos aspectos fisiológicos, al igual que las tradiciones sociales, han contribuido a que surja la figura del calavera, una amenaza arquetípica para aquellas personas que buscan un amor duradero.

Don Juan destaca entre todos los seductores míticos porque encarna varias fantasías masculinas a una escala heroica.

Desde su primera aparición en *El burlador de Sevilla,* en 1630, don Juan ha sido la personificación del encantador y libertino embustero.

El cuadro de Jean Honoré Fragonard, *El rapto,* ilustra la violencia detrás de algunas supuestas seducciones llevadas a cabo por calaveras literarios como Don Juan.

El donjuanismo

Capaz de cautivar los corazones de las mujeres a su voluntad, esquiva, sin embargo, los tediosos lazos del amor fiel. Aunque carece de la capacidad para mantener una relación, el sentido de la aventura, la curiosidad, el apetito sexual y la energía física de don Juan son ilimitados. Todo esto le ha convertido en un ser particularmente fascinante para los escritores masculinos, para quienes, probablemente,

constituye una metáfora de su propio impulso creativo.

Los psicoterapeutas que tratan con el «donjuanismo» en sus pacientes, lo consideran como una condición esencialmente infantil y narcisista.

Los motivos del donjuanismo son múltiples y variados, y, entre otros, incluyen un intento jactancioso de demostrar su virilidad por medios puramente sexuales, una incapacidad básica para amar o, incluso, una inseguridad presente que se niega a limitar las opciones futuras. También constituye una manera de evitar el compromiso con

El coqueteo, de D. Miklos, muestra a un experimentado seductor murmurando dulces naderías a un receptivo oído femenino.

Debido a su incapacidad para establecer una relación duradera, los amantes peregrinos acaban solos.

El donjuanismo

una pareja a largo plazo, quien podría encontrar alguna debilidad detrás de la superficial bravura.

Sin embargo, un análisis de la realidad de estos patéticos mariposones demuestra que se hallan en intensa contradicción con el encantador don Juan en sus manifestaciones literarias, dramáticas y operativas.

Stendhal, cuyas obras demuestran su gran sensibilidad hacia las mujeres, calificó a don Juan como «un comerciante poco íntegro que compra pero nunca paga». El diferente punto de vista de Lord Byron no resulta sorprendente. Él lo percibía un atractivo aventurero cuyo deseo de hacer el amor a todas las mujeres, y no sólo a una, le convirtió en un incansable y devoto adorador del templo del Eterno Femenino.

El don Juan de Molière enfatiza con mofa la generosidad de sus indiscriminadas relaciones: «Aprecio la libertad en el amor... Tan pronto como una cara bonita me pide el corazón, le daría todos mis 10.000 corazones si los tuviera.»

En la ópera de Mozart, *Don Giovanni*, el protagonista es retratado como un espíritu libre y romántico, cuyas libertinas actividades van mucho más allá de las convenciones sexuales. Un encantador rebelde, que se opone a todas las limitaciones, humanas o divinas, y cuyo desafiante valor se ve, finalmente, dominado por una autoridad superior y sobrenatural.

Don Juan no podía haberse convertido en un héroe si no hubiese sido claramente honesto acerca de sí mismo. Los calaveras confesos han admitido a lo largo de la historia disfrutar libremente de los obstáculos como parte de su búsqueda del amor. La emoción de encontrarse con una nueva personalidad y un nuevo cuerpo se funde con el descubrimiento de un nuevo ego visto con los ojos del otro.

Al igual que el prestigio de la conquista, los peregrinos son capaces de revivir el tiempo y las pasiones iniciales del amor una y otra vez.

Un galanteador exitoso suele ser, por definición, extremadamente atractivo. Versados en la seducción, los calaveras presentan un reto irresistible y ofrecen una peligrosa emoción que transforma cualquier relación amorosa ordinaria.

Sea cual sea la deplorable moralidad de la conducta del peregrino y el caos emocional que puede ocasionar, parece ser que nunca le faltan amantes para colmarle de atenciones.

El propio reflejo

En esta ilustración de Aubrey Beardsley, titulada *El espejo del amor*, el espejo en forma de corazón refleja una imagen de Eros, el dios del amor.

*El amor por uno mismo
es el comienzo de un eterno romance.*
OSCAR WILDE (1854-1900)

Hasta cierto punto, todo el mundo se parece al Narciso del famoso mito de Ovidio: el hermoso joven que suspiraba y se moría por el amor no correspondido de su propio reflejo en un estanque. Con la excepción de una pareja a quien realmente se ama, nadie es más importante que uno mismo.

La razón que Ovidio dio al destino de Narciso es psicológicamente perspicaz. Éste había desdeñado todo amor, motivo por el cual fue castigado por Némesis, quien escuchó el llanto de una ninfa a la que había despreciado: «¡Que se enamore de sí mismo, que no sea capaz de poseer a su amado!»

En otras palabras, el amor por uno mismo puede ser tan intenso que es capaz de provocar la incapacidad de amar a nadie más; el narcisismo es destructivo.

No obstante, el narcisismo es un elemento propio de todo amor humano.

Forma parte del anhelo de la unión con otro ser, de modo que las identidades se fundan. «¡Yo soy Heathcliff!» grita la desesperada Catherine Earnshaw en *Cumbres borrascosas,* de Emily Brontë, con lo que expresa un sentimiento que la mayoría de los auténticos amantes han experimentado.

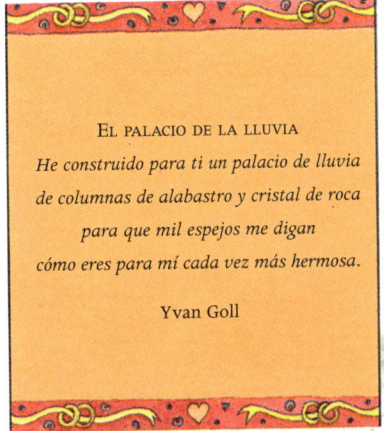

EL PALACIO DE LA LLUVIA
He construido para ti un palacio de lluvia de columnas de alabastro y cristal de roca para que mil espejos me digan cómo eres para mí cada vez más hermosa.

Yvan Goll

La sensación de amar algunos aspectos de uno mismo tal y como son percibidos por un amante puede acentuarse particularmente en ciertas relaciones entre personas del mismo sexo cuando el objeto de adoración es, de algún modo, una imagen especular. Narciso, totalmente embelesado por su propia y joven belleza, es considerado con frecuencia como el típico arquetipo del amor homosexual.

El psicoanalista Sigmund Freud creía que las relaciones homosexuales se derivaban, en parte, de la búsqueda de una versión idealizada del ego o del deseo de recuperar un ego joven.

ARQUETIPOS DEL AMOR

El propio reflejo

Aceptar cierto grado de narcisismo parece ser una parte esencial en el proceso de amar.

A pesar de ello, es un tema que se presta a comedia, como en *Mucho ruido y pocas nueces,* de Shakespeare, en la que los aparentemente antagónicos Beatrice y Benedick pasan de lanzarse pullas a enamorarse en el momento que escuchan que el otro les adora. El objeto amado se convierte en un reflejo del propio atractivo.

En las obras de arte, Venus se representa admirándose en un espejo, el emblema tradicional de amor, hermosura y felicidad. El espejo roto, por el contrario, siempre ha sido símbolo de mala suerte en el amor (posiblemente en relación con la antigua creencia de que el reflejo era un alma gemela).

Narciso, cuyo amor por sí mismo fue fatalmente excluyente, sufrió gran angustia cuando su reflejo desapareció en el momento en que intentaba atraparlo en las aguas de un estanque.

Esta obra del siglo XVI muestra al hermoso joven Narciso admirando su propio reflejo en una fuente. El amor por una imagen no es correspondido, por lo que Narciso languidece. Al morir, se transforma en una delicada flor, el narciso.

ARQUETIPOS DEL AMOR

La devoradora

La devoradora

La obra de Anthony Sandy, *La sombra del amor*, muestra a una mujer con mirada vengativa que devora un ramillete de flores, posiblemente recibidas de un amante.

«El cielo no siente rabia, como cuando el amor se convirtió en odio, / ni el infierno furia, como una mujer despreciada», escribió William Congreve a principios del siglo XVII.

Así expresaba el arraigado y perdurable temor de los hombres de que el amor pudiese desatar incontrolables y destructoras emociones en las mujeres.

La mitología y el folclore han creado toda una galería de horribles mujeres, dominadas tanto por los celos como por la venganza.

Una explicación para este perverso arquetipo es su relación con una figura materna aterradora, investida con el poder de crear y destruir.

Estos conflictivos atributos se han fusionado en diosas femeninas durante siglos, lo que refleja los dos principios de sexo y muerte de los que depende el mundo.

La diosa hindú Devi revela este papel dual en sus encarnaciones como la benevolente Parvati y la irascible Kali.

Las manifestaciones de esta última como la «oscura», en las que aparece adornada con calaveras y devorando a sus enemigos con su cavernosa boca, enfatiza el aspecto sexual de su despiadada y aterradora autoridad.

La temida devoradora femenina también integra las distintas tradiciones religiosas occidentales. Muchas historias bíblicas tienen protagonistas femeninas que destruyen o mutilan a los hombres.

Judith corta la cabeza del general enemigo Holofernes mientras duerme entre sus brazos.

La amante de Sansón, Dalila, le sonsaca el secreto de la sobrehumana fuerza de su cabello, y se lo cuenta a sus enemigos con el fin de que se lo corten mientras duerme.

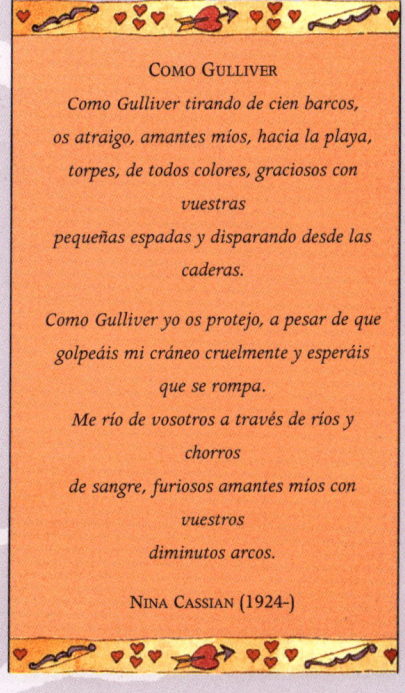

COMO GULLIVER

Como Gulliver tirando de cien barcos,
os atraigo, amantes míos, hacia la playa,
torpes, de todos colores, graciosos con vuestras
pequeñas espadas y disparando desde las caderas.

Como Gulliver yo os protejo, a pesar de que
golpeáis mi cráneo cruelmente y esperáis
que se rompa.
Me río de vosotros a través de ríos y chorros
de sangre, furiosos amantes míos con vuestros
diminutos arcos.

NINA CASSIAN (1924-)

ARQUETIPOS DEL AMOR

La devoradora

La mitología griega incluye diversas mujeres vengadoras y destructoras, personificadas por las terribles Furias.

Conocidas eufemísticamente como las Euménides, o «Las amables», persiguen a su indefensa presa durante años para recordarles su culpa.

Se creía que la mujer suponía la mayor amenaza para un hombre cuando él estaba desprevenido y solo –una metáfora para la vulnerabilidad emocional fuera del mundo racional.

Por ejemplo, cuando el rey de Argos, Agamenón, vuelve a casa ileso después de la guerra de Troya, su infiel reina, Clitemnestra, le envuelve en una red con el propósito de asesinarlo.

La imagen de la devoradora parece alimentarse de una amplia serie de temores masculinos.

En cuanto al arquetipo, cabe destacar que encarna las ansiedades masculinas sobre las excesivas exigencias del amor femenino, así como la incapacidad correspondiente para reconocer la importancia de la pasión de una mujer.

> Una sensación de hechizo persiste en el poema de Keats sobre el amor traicionado, *La bella dama sin piedad*, en el que un caballero es seducido por una dama en el bosque, tras lo que cae en un sueño agitado y, cuando despierta, ella ha desaparecido.

LA TENTADORA

La serpiente del jardín del Edén convence a Eva para que ofrezca a Adán el fruto prohibido, con lo que la convierte en la primera tentadora del cristianismo.

Desde un punto de vista moderno, la participación de Adán en la caída parece ser mayor que la de Eva.

Aunque él comió del fruto prohibido que ella le ofreció, después culpó a su esposa de su propio delito.

Sin embargo, la historia prefirió perdonar su debilidad y su deslealtad –y procedió a confundir a la mujer con la serpiente.

Así quedó establecido el arquetipo de la tentadora: una peligrosa y amoral seductora de hombres.

La Carmen de Bizet es uno de los ejemplos más dramáticos de una mujer que toma la iniciativa en el amor.

Se trata de una criatura oscura, misteriosa y fogosa que arranca al fascinado José de los brazos de su amable y aburrida novia para posteriormente abandonarlo por el caprichoso amor que siente por un famoso torero.

Esta arbitrariedad masculina no puede ser tolerada de ningún modo en una mujer, motivo por el cual Carmen, una versión fe-

ARQUETIPOS DEL AMOR

La tentadora

Hasta el siglo XX, el pelo suelto se consideraba provocativo y símbolo de desenfreno en la mayoría de las sociedades. Esta miniatura india del siglo XVIII muestra a una mujer cepillándose el cabello.

menina de don Juan dada su sensualidad liberal, paga el precio de su vida por haber deseado la independencia sexual.

La excusa tradicional masculina por enamorarse de una tentadora es que ésta despliega unos poderes sobrenaturales.

En uno de los poemas de Homero, la *Odisea*, por ejemplo, una hermosa hechicera, cuyo nombre es Circe, tiene el poder de atrapar incluso al astuto Odiseo en su viaje de vuelta de la guerra de Troya.

En la mitología, la isla, con su tentadora, es, con frecuencia, una metáfora para el placer irresponsable –un auténtico puerto sensual aislado del mundo.

La amenaza, o promesa final, es que este idilio podría ser permanente: en otra isla, la ninfa Calipso es capaz de ofrecer la inmortalidad a Odiseo.

LA PROMESA ROTA

En *Promesas rotas*, una obra de P. H. Calderon, una mujer destrozada escucha cómo su novio flirtea con otra mujer.

Las novelas del siglo XIX están plagadas de mujeres a las que se ha dejado plantadas en el altar, o incluso antes. Los responsables son seductores que nunca tuvieron la intención de mantener sus promesas. Como trasfondo a estas escenas, se descubre el miedo de la traición al amor dentro del mismo matrimonio. Toda la literatura amorosa afirma que los votos de estos seductores no son como otras promesas.

Son emocionales, no racionales, y están basadas en los impulsos del corazón –un órgano notablemente inconstante y que no es de fiar.

Los verdaderos amantes niegan el poder del tiempo para erosionar sus sentimientos. Para ellos, el alarde de Enobarbo en *Antonio y Cleopatra,* de Shakespeare, se expresa con absoluta convicción: «La edad no puede marchitarla, ni la costumbre estropear / su infinita variedad». Sin embargo, en la literatura –y, a menudo, en la vida real– la feliz comedia del enamoramiento tiene como contrapartida la tragedia del desamor.

Con frecuencia, una tercera persona proporciona el catalizador para una relación fallida, y dicho adulterio produce gran amargura. Una de las paradojas del amor es que la deslealtad hacia un viejo amor puede parecer aceptable si se da por uno nuevo. El concepto de una traición noble impregna la tradición del amor cortés medieval, que distingue claramente entre las promesas de amor y las de matrimonio. Sin embargo, lo que rara vez está ausente en cualquiera de estas historias es el efecto penetrante de la culpa, el resultado ineludible de la promesa rota.

La promesa rota

ARQUETIPOS DEL AMOR

La promesa rota

En este cuadro francés del siglo XVI, *Mujer entre dos edades del hombre*, una mujer le quita las gafas a su anciano marido, para que no vea su adulterio con un joven y apuesto amante.

ARQUETIPOS DEL AMOR

La riña

Aparentemente ridícula y, a menudo, explosiva, la riña entre amantes es un antiguo rito, una manera de reiterar y recargar el amor que en esos momentos están negando.

«Las riñas de enamorados», escribió el autor de teatro Terencio, «son la renovación del amor». La riña es un coqueteo disfrazado, una lucha verbal que permite a los amantes recrear el inicio de su amor.

«Cuando con maldad nuestro amor está detenido / y ambos nos hemos castigado con dolor, / ¡ah!, qué placer es el roce de su mano, / ¡ah!, qué placer sujetarla otra vez», escribió John Dryden.

Al final de la perspicaz novela *Orgullo y prejuicio*, de Jane Austen, Elizabeth Bennett promete discutir con Mr. Darcy cuando se casen: «…me corresponde encontrar ocasiones para importunarle y discutir con usted con la frecuencia adecuada».

La literatura disfruta con los conflictos escandalosamente ruidosos de las parejas, por ejemplo, con las escaramuzas de Stella y Stanley en la obra de Tennessee Williams *Un tranvía llamado deseo*, así como con el apasionado sarcasmo de Antonio y Cleopatra de Shakespeare.

La riña

Sus disputas son de un absurdo familiar para quienes han encontrado en la cena quemada la excusa para formular la pregunta: ¿aún queda amor?

Quizá porque se espera que los jóvenes amantes cambien de opinión cada dos por tres, con la edad se tiende a calificar las riñas como insignificantes.

Sin embargo, es difícil dejarlas de lado mientras se mantiene una relación.

El lenguaje corporal de la mujer en *El jardín parlante*, de Emma Turpin, sugiere que se está distanciando de su amante, quizá después de una riña.

Los amantes continúan asediándose con peleas hasta la edad madura, posiblemente como desafío al tedio que supone la armonía perpetua.

Estas complejas maniobras son, a menudo, esenciales para la supervivencia del mismo amor.

Como Alain de Botton escribe en sus *Ensayos sobre el amor*, por error una persona se aferra a «la idea de una división hermética entre el amor y el no-amor, división que únicamente debe cruzarse dos veces, al inicio y al final de una relación —y no diariamente o cada hora.

Existe el impulso de separar el amor del odio, más que considerarlos como respuestas legítimas a las múltiples facetas de una única persona».

Por otro lado, la compleja y frecuentemente irracional fluctuación de los propios sentimientos ocasiona numerosas peleas en un gran número de las relaciones íntimas.

Sin embargo, es la intensidad de la preocupación emocional por la otra persona lo que da a estas riñas un significado más profundo y duradero.

Es conveniente destacar que de un modo inmediato pueda revelar una fra-

ARQUETIPOS DEL AMOR

gilidad en la relación con una claridad brutal, y ambas partes quedar asombradas con la violencia de los sentimientos que salen a la luz.

Sin embargo, ningún asunto del corazón puede perdurar sin la capacidad de superar las crisis y saborear la reconciliación, con lo que, en consecuencia, el amor mismo puede salir reforzado.

La riña

En *Una ligera diferencia de opinión*, de Dudley Hardy, una mujer ignora a su novio cuando éste se marcha.

LA DESPEDIDA

La angustia que sienten todos los amantes que por cualquier circunstancia no pueden permanecer juntos ha sido fuente de inspiración de algunas de las obras amorosas más recordadas de la historia de la literatura universal.

El poema anónimo del siglo XVI, «Viento del oeste», posee una gran carga emocional: «Viento del oeste, ¿cuándo traerás, / la fina lluvia que puede caer? / Cristo, ¡si mi amor estuviera en mis brazos / y yo en mi cama otra vez!»

Un poema chino del siglo VIII, titulado «La mujer del mercader del río: una carta», describe a una joven esposa que siente tal añoranza por su marido ausente que incluso la visión de una pareja de mariposas constituye una fuente de dolor profundo: «Me hacen daño. Me hago mayor».

Schopenhauer, el filósofo, escribió que «toda despedida es una anticipación de la muerte», una percepción particularmente cierta en las despedidas en tiempos de guerra, llenas de temor premonitorio.

«Hace cuánto tiempo Héctor se quitó el casco / Para evitar que su hijo menor llorara / Luego se despide de su triste

El insomnio es habitual cuando se está separado de la persona amada. En esta miniatura india, una dama espera de noche el regreso de su amante.

ARQUETIPOS DEL AMOR

Andrómaco / Y ahora nosotras tres en la sala de espera de Euston.» Este sobrio poema de Frances Cornford reconoce la eternidad de estas angustiosas despedidas y, en alusión al desaparecido príncipe troyano Héctor y a su viuda, también el heroísmo de aquellos que deben sobrevivirles.

Las apasionadas despedidas, como la captada en esta obra de Amy Shuckburgh, siempre han sido un tema clásico para el cine.

MORIR DE AMOR

El amor romántico siempre ha sido consciente de su propia fragilidad. Como emoción intensa, conduce a los extremos de la existencia y también aumenta la conciencia sobre la muerte. La esperanza de que el amor perdure más allá de la muerte encuentra su expresión en los mitos de muchas culturas. La historia de Orfeo, tan frecuentemente relatada, según la cual éste intenta rescatar a su amada Eurídice del Hades, parece encarnar la resistencia humana frente a la idea de que la muerte necesariamente separa a los amantes.

Las tumbas para parejas datan de la antigüedad, y los símbolos como el «brazalete de brillante cabello», que John Donne imagina enlazado alrededor de su brazo después de la muerte, representa el deseo de una unión duradera.

La historia de Tristán e Iseo es una de las novelas medievales que más ha resistido el paso del tiempo. Su amor fue resultado de beber una poción mágica, y murieron debido a su pasión prohibida.

La intensidad de este tipo de gestos, y el amor en sí mismo, radica en el contraste entre lo que se conoce de forma racional y lo que se siente emocionalmente. Se reconoce la mortalidad, pero, al mismo tiempo, el individuo se niega a aceptar la desaparición de los sentimientos que en el pasado parecían infinitos.

El siglo XIX fue testigo de una obsesión romántica con la muerte, y del planteamiento de si el amor podía durar más allá.

Una fe religiosa cristiana dio esperanzas a Elizabeth Barrett Browning, quien escribió a su esposo Roberto: «¡Te amo con el aliento / sonrisas, lágrimas, de toda mi vida! –y si Dios eligiera / aún te amaría más después de la muerte».

Los amantes que prefieren morir juntos antes que sobrevivir separados han sido protagonistas de tragedias y óperas durante siglos.

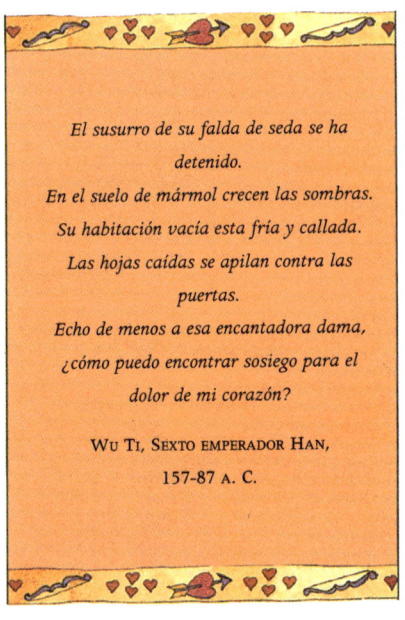

El susurro de su falda de seda se ha detenido.
En el suelo de mármol crecen las sombras.
Su habitación vacía esta fría y callada.
Las hojas caídas se apilan contra las puertas.
Echo de menos a esa encantadora dama,
¿cómo puedo encontrar sosiego para el dolor de mi corazón?

WU TI, SEXTO EMPERADOR HAN, 157-87 A. C.

Morir de amor

Con frecuencia, su decisión está basada en un trágico malentendido, como ocurre en las muertes de los protagonistas Romeo y Julieta, de Shakespeare, o con los amantes del cuento de Ovidio, Píramo y Tisbe.

La idea de la muerte por amor se perfecciona en la wagneriana *Morir de amor* de Tristán e Iseo. El compositor trasladó la historia medieval del amor culpable a una ópera en la que celebra el triunfo del amor auténtico sobre la muerte. Cuando Tristán fallece, Iseo –por el único esfuerzo de su voluntad– cae muerta sobre su cuerpo. Los amantes logran con su muerte una unión que, paradójicamente, no pudieron alcanzar en vida.

El tema de la muerte por amor expresa la conmovedora verdad de que la vida puede parecer insoportable sin la persona amada.

La heroína de Puccini, Tosca, por ejemplo, elige saltar hacia la muerte al saber que su amante, Cavaradossi, ha sido ejecutado.

Aunque en realidad pocas personas mueren de amor, la importancia del arquetipo estriba en que innumerables amantes han deseado morir ante la ausencia de la persona con la que desean compartir el resto de sus días.

Esta obra de Alessandro Varotari ilustra la historia de Orfeo y su esposa Eurídice. Cuando Eurídice fallece, Orfeo la busca en el Hades. Tras fracasar en su intento por recuperarla, muere a manos de una banda de mujeres cansadas de su aflicción.

ARQUETIPOS DEL AMOR

También existe el horror profundamente arraigado de dejar que la persona adorada se vaya al otro mundo sola. El deseo de ir enlazados de la mano es irracional, pero también lo son muchos impulsos del amor apasionado.

Morir de amor

Uno y sólo uno

Durante siglos, la idea de exclusividad ha resultado emocionalmente atractiva para el amor romántico.

Las distintas relaciones que se mantienen en el mundo real demuestran que la manera de amar, y a quién se ama, puede variar con el tiempo.

Sin embargo, la creencia de que es posible amar de verdad una sola vez se mantiene viva con insistencia en la imaginación del individuo.

El concepto del amor «uno y sólo uno» es muy antiguo. Es el tema central del hermoso Cantar de los Cantares, en el Antiguo Testamento.

Esta obra es única y tan misteriosa que los eruditos nunca han sido capaces de llegar a un acuerdo sobre el autor o sobre lo que significa. Parece tratarse de un diálogo entre un rey (supuestamente Salomón) y una encantadora joven sulamita que anhela dejar su harén para reunirse con su amado pastor.

El poder y dulzura de su poesía insisten en que el amor romántico nunca puede ser dividido, debe ser leal a una sola persona.

ARQUETIPOS DEL AMOR

La literatura que trata temas amorosos ha celebrado esta idea desde entonces. Sin embargo, las emociones humanas son complejas, esquivas y variables –qué y a quién se ama, lo que se siente y se considera adorable son elementos que cambian con el tiempo.

La conmovedora e intensa novela de F. Scott Fitzgerald *El gran Gatsby* describe cómo el protagonista no logra entender este hecho.

El primer amor de Jay Gatsby, Daisy, se casa con un hombre rico, y Jay dedica años a hacerse aún más rico antes de volver a intentar, sin éxito, repetir el romance idealizado de su juventud. Sólo Nick, el narrador, se da cuenta de lo efímero de las ilusiones de Gatsby. «Había recorrido un largo camino hasta este campo melancólico, y su sueño debe de haberle parecido tan cercano que no podía fallar al lograrlo. No sabía que ya había pasado, en algún sitio detrás de la amplia oscuridad tras la ciudad, donde los oscuros campos de la república se extendían al amparo de la noche.»

Uno y sólo uno

ARQUETIPOS DEL AMOR

ARQUETIPOS DEL AMOR

Uno y sólo uno

El hecho de comprometerse con una persona cambia radicalmente la manera de considerar la vida. En esta obra de Emma Turpin, una novia se encuentra en una tierra nueva y extraña.

ARQUETIPOS DEL AMOR

El mundo perdido

El mundo perdido

Esta miniatura del siglo XIV muestra a los amantes Pedro Abelardo y a su alumna Eloísa. Ambos se sienten fascinados el uno por el otro, a pesar de sus votos religiosos y de la crueldad que han sufrido por su amor.

El carácter agridulce del amor está tan perfectamente equilibrado que no es posible estar seguro de que la felicidad que trae compensará el dolor que, asimismo, puede comportar. La fuerza de la idea de que es posible perder el mundo por amor deriva de los ejemplos de la vida real. Para el mundo medieval, la personificación de esta idea se encuentra en los amantes franceses Pedro Abelardo y Eloísa.

Pedro Abelardo, un gran teólogo del siglo XII, se embarcó en una relación amorosa ilícita con su alumna, Eloísa.

Como fruto de su amor, ella dio a luz a su hijo, tras lo cual Abelardo fue mutilado por su vengativo tío. Eloísa, por su parte, se vio obligada a entrar en un convento, desde el que escribió cientos de cartas a Abelardo. «No la piedad, sólo una orden tuya me ha llevado tan joven a los rigores de la vida monástica», escribió.

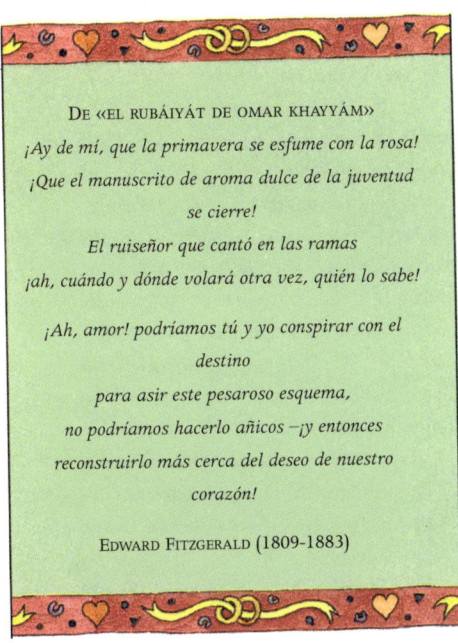

DE «EL RUBÁIYÁT DE OMAR KHAYYÁM»
¡Ay de mí, que la primavera se esfume con la rosa!
¡Que el manuscrito de aroma dulce de la juventud
se cierre!
El ruiseñor que cantó en las ramas
¡ah, cuándo y dónde volará otra vez, quién lo sabe!

¡Ah, amor! podríamos tú y yo conspirar con el
destino
para asir este pesaroso esquema,
no podríamos hacerlo añicos –¡y entonces
reconstruirlo más cerca del deseo de nuestro
corazón!

EDWARD FITZGERALD (1809-1883)

ARQUETIPOS DEL AMOR

El mundo perdido

«Dios sabe que no habría dudado en seguirte o precederte al infierno si me hubieras ordenado hacerlo.»

Su vida estuvo dedicada al amor que continuaba sintiendo por Abelardo. Cuando él murió, su cuerpo fue enterrado en el convento de Eloísa.

La presión inherente a anteponer el amor a todo lo demás fue explorada por el escritor ruso León Tolstoy en su novela *Anna Karenina*.

Anna es una hermosa mujer cuya aburrida vida matrimonial se ve transformada por su pasión por un atractivo y joven oficial, el conde Vronsky. Para poder estar con su amante, Anna debe abandonar a su adorado hijo. Muy pronto, Vronsky, que ha renunciado a su carrera en el ejército por Anna, comienza a sentir la insoportable presión de su obligación para mantener el amor a un elevado nivel que justifique estos enormes sacrificios.

Al describir el resultado fatal de la relación, Tolstoy recuerda que, finalmente, los amantes no pueden olvidar el mundo real en el que tienen que vivir.

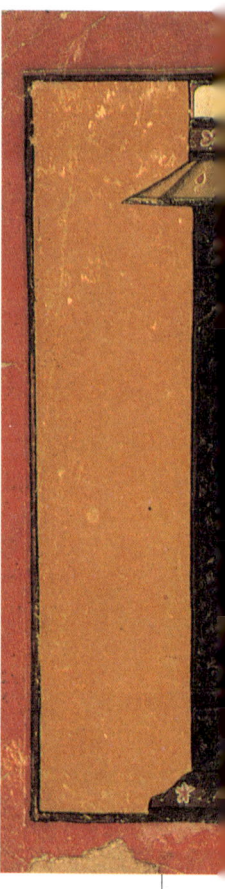

ARQUETIPOS DEL AMOR

Esta obra de finales del siglo XVIII, de Rajastán, muestra a dos amantes recostados en un diván bajo un toldo. En momentos como éstos, las preocupaciones por el mundo real se desvanecen o se convierten en insignificantes, como mínimo durante unos instantes.

ÍNDICE

Los números de página que aparecen en *cursiva* remiten a los pies de foto.

Abelardo y Eloísa *242*, 242-244
Adan y Eva *24*, *34*, *222*, 222
Adonis, 80, 164
adulterio 86-87, 225
afecto, distinto al amor 9
afrodisíacos 120, *121*
  rosas como 202
  véase también pociones de amor
Afrodita 44, *45*, 159, *161*, 162, 168-169, 199
agape 13
aislamiento 59
alimentos 119-120
amantes 172
amistad 51-54
amistad no sexual 54
amor
  definición 23
  filial 78
  joven 15-16
  moderno 11-12, 18, 50
  no correspondido 80-82
  y poder 39
  Balzac sobre el 25
  y el amor maduro 15
  y matrimonio 19
  síntomas 68-70
amor a primera vista 69, 166
androginia y deseo sexual 29
anhelo *véase* deseo sexual
anillos de compromiso 149-151
anima 189
Anna Karenina (Tolstoy) 244
Antieros 82
Apuleyo 71
árabe, concepto del amor 165
  jardines 197
  y humor 95
Ariadna (y Dioniso) *32*
arquetipos del amor 156-245
Astarté (diosa fenicia) 162
astrología 165
Atalanta y Milanión *37*
Austen, Jane 187, 228

Balzac, Honoré de 25
belleza 27, 44-46, 168-171
  la Bella y la Bestia 181
  y los jardines 196
beso, significado de 203-204

El beso (Rodin) *203*
bestia, imagen de la 181-182
Biblia 47, 118, *195*, 196, 219, 238
biológico, amor como imperativo 34
boda *12*, 18, 152-155
  anillo de 149-151
La Bohème (Puccini) 101
bondad 180
Browning, Elizabeth Barrett 235
budismo, idea del amor 199
El burlador de Sevilla (Tirso de Molina) 209
Byron, Lord 54, 117-118, 135, 140, 212

caballero
  femenino 193
  imagen del 191-194
calavera, imagen del 209-213
Candido (Voltaire) 44
Cantar de los Cantares 47, 196, 238
Carmen (Bizet) 118, 222
cartas 93, *125*, 125, *127*
Casablanca (película) *191*, 194
castidad
  jardín como imagen de 196

torre como símbolo de 189
celos 83-85, 190, 218
Chaucer, Geoffrey 128
Chesterton, G. K. 182
china, filosofía 38
ciencia y amor 25
Cleopatra 134, 202
codificado, amor 125-127
   en las tarjetas de san Valentín 129-130
compromiso, anillos 149-151
Congreve, William 218
consumación, y deseo 32
contracepción 17
Cornford, Frances 233
cortejo 11, *12*, 17, 142-144
   propuesta de matrimonio 145, 148
   y baile 116
cortés, amor *13*, 86-87
   en jardines *195*, 197-198
   secretos y 112
   véase también trovadores
cortesanas 172-175
Coward, Noël 114
cristiana, idea del amor 13, 47, 49, 179, 199-201
Cumbres borrascosas (E. Brontë) 27, 186, 204

Cupido *57, 58,* 71-73, *159, 160,* 160, 165

Dafnis y Cloe *71*
Dalila 219
Dante 28
danza 116-118
d'Aragona, Tullia 174
David Copperfield 148
debutantes, baile de las 118
declaración de amor 112
dejar plantado 224
demostraciones del amor 142-144
deseo sexual 29, 30-33
   imagen de 176-177
   véase también Eros; instinto sexual
despedida de los amantes 232-233
destino 165
Devi (diosa hindú) 218
devoradora, mujer, imagen de 218-221
diamantes, significado 151
Dickens, Charles 148
Dickinson, Emily 49
Dioniso *32, 101*
Dios, amor de 13, 47
dios del amor *véase* Eros (dios)
diosas del amor 161-164, 218-219
dolor 242

Don Giovanni (Mozart) 212
donjuanismo 209-213
Don Quijote (Cervantes) 193
Donne John 67, 171, 206, 234
Dryden, John 228
dudas 74-77
duradero, amor 98-100

Edén, alegorías del *195,* 196
Eduardo VIII y Wallis Simpson 185
efímero, amor 55, 98
Egipto, deidad del amor 162
egoísmo 94
Elena de Troya *108,* 168-169
Eloísa y Abelardo *242,* 242-244
emociones, en el amor 67
enamorarse 12, 39, 57-58, 108, 160
enfermedad, amor como 68
Ensayos sobre el amor (Alain de Botton) 230
Estados Unidos, rituales de cortejo 142
eros 10, 13
   contexto sexual 10
   y *agape* 14-15

Eros (dios) 13, 159-160, *161*, 161
erótico, amor (amor apasionado) 10, 11, 13, 14, 30-33
espejo, simbolismo del 217
eternidad, anillo de 151
Europa *181*
Eurídice 114
evolución 24-25
exclusividad en el amor 238-241

femineidad, y protector masculino 79
feminización en imágenes del amor 73
Féré, dr. Charles 69
fertilidad, deidades 161
fertilidad y matrimonio 153
filosofía 23
Flaubert 57
Flora *197*
flores
 lenguaje de las 129
 mensajes en 131-133
 véase también jardines
Freud, Sigmund 34-37, 51, 215

gala, bailes de 118
Galatea *177*
Ginebra 191-192

El gran Gatsby (F. Scott Fitzgerald) 239
Grecia
 cortesanas (*hetairae*) 172-173
 idea del amor 10, 13, 44, 80, 161-163
Guillermo de Orange 151

Hagstrum, Jean 73
Hathor (diosa egipcia) 162
Hazlitt, William 94
Hero y Leandro *185*
Hesíodo 159
hetairae 172-173
hierbas, magia de las 167
hinduismo
 idea del amor 14, 55-56
Homero 159, 168
homosexuales, relaciones 215
humanidad, amor por (*agape*) 12-13
humor 95-97

Ibn Hazm 96
identidad de género, cambio 79
identidad, pérdida 74
ilusión y realidad 55-58
imagen del deseo 176-177

imagen especular 73
 véase también narcisismo
importancia espiritual del amor 179, 180
 véase también religiones
impulso biológico, amor como 34
infancia 24, 37, 39
instantánea, atracción física 69, 70
instinto sexual 34
 véase también deseo sexual
interdependencia masculina y femenina 38
Ishtar (diosa sumeria) 162
islámica, idea del amor 28, 47

jardín 195-198, 201
 véase también flores
Japón
 bodas 153
 cortesanas 172
Jenofonte 172-173
joyas, lenguaje de 151
Judith 219
Jung, Carl 157, 189
Júpiter e Io *171*

Kali (diosa hindú) 219
Keats, John 30, 78
Krishna y Radha 14, *17, 30, 44, 132, 168*

La dama de Shalott (Tennyson) 157
Lancelot *14*, 86, 157, 190, *191*, 191-192
Lawrence, D. H. 190, 196
lealtades divididas 183
lenguaje de las flores 129
lenguaje del amor 106-165
libido 34
locura femenina 93-94
loto, flor *132*
Lowell, Amy 77
lujuria 33
  bestia como símbolo 182
Lutero, Martín 47

madre aterradora, figura 218
  véase también amor filial
magia 165-167
Marie, condesa de Champagne 18, 192
mariposón 212
Marte *183*
masculinidad
  como protector de la femineidad 79
  interdependencia masculina y femenina 38
  unicornio como símbolo 180
matrimonio 14, 17, 18, 19, *47*, 49, 50, 224, 225

contrato 18
cortejo y 143
  véase también proposición; boda
medieval, idea del amor 68
  véase también amor cortés
Menelao *108*
mensajes
  codificados 125-127
  con flores 131-133
  san Valentín 128-130
Las mil y una noches 208
Mill, John Stuart 50
mitos del amor 34
Molière 212
Moore, Thomas 77
Morgan, Edwin 120
morir de amor 234-235
muerte *101*, 101, 218, 232, 234-237
«La mujer del mercader del río: una carta» 232
música 114-118
música del amor 114-115

narcisismo 80-81, 177, 210, 214-217
naturaleza, imágenes de 195
necesidad 38, 39, 78-79
Neruda, Pablo 62
noche, importancia para el amor 206-208

obsesión 93-94
obstáculos y amor 183-187
odio 77, 230
ojos 108-109
oposición de los padres al amor 186-187
Orfeo, mito de 114, 234, *236*
Ovidio 80, 176, 214, 236

Paolo y Francesca *83*
paradojas del amor 39
Paris (príncipe troyano) 168
Parker, Dorothy 131
Parvati (diosa hindú) 14, 219
Pascal, Blaise 171
perdido, amor 101-103
Petrarca 28, 161
Pigmalión, historia 176-177, *177*
Píramo y Tisbe 186, 236
Platón 23, 27, 32
  Symposium 23, 27, 159
pociones de amor 166-167 *véase también* afrodisíacos
predestinación 165
primer amor 71-73
prisionera en la torre, simbolismo 188-190

promesa rota 224-225
propuesta de matrimonio 145-148
protección 78-79
psicología del amor 34-39
Psique 57, 71-73

química 25

Radha *véase* también Krishna y Radha
realidad del amor 55-58
rechazo, negación a aceptarlo 82
recuerdos 134-135
«regalo de amor» 13
regalos para la persona amada 107
Reglas del amor (André le Chapelain) 112, 136
reglas del cortejo 12
reírse de uno mismo 95
relación pública 112-113
relaciones del mismo sexo 215
religiones 10, 14
 véase también importancia espiritual del amor
remedios para el amor 69
renacimiento 14
rescate, tema del 192

resistencia
 femenina 76
 juegos de 76-77
reticencia en el amor 112
ridículo, naturaleza del amor 96-97
riesgo 15, 87, 96, 101, 142, 185
riñas 228-231
risa 95-97
rivalidad en el amor 85
Rodin *203*
Roman de la Rose 20, 190, 197, 200-201, *202*
rosa, como símbolo de amor 131, 199-202
Roxelana Sultan 173

Salomé 118, *176*
san Jorge y el dragón *193*
san Valentín 128
Schopenhauer, Arthur 25, 232
secretos 112-113
seductores 209-213, 224
Shakespeare, William 99, 105
 Como gustéis 96
 Hamlet 131
 Mucho ruido y pocas nueces 96, 217
 Noche de reyes 81, 96
 Otelo 85

Romeo y Julieta 160
Sueño de una noche de verano 136, 166
«Venus y Adonis» 80
shakta, filosofía 14
Shaw, George Bernard 176
Shelley, P. B. 50
Sidney, Sir Philip 112
siglo XIX, actitudes hacia el amor 18, 194
síntomas físicos del amor 68-70
Siva 14
soledad 59-61
Solo ante el peligro (película) 194
Stendhal 212
sufrimiento *242*

tántrica, filosofía 14
tarjetas de san Valentín 128-130
temor masculino ante las mujeres 218, 221
tentadora, imagen de la 222-223
teoría del amor 34
Tiziano, *Amor sagrado y profano* 15
torre, simbolismo 189-190
Tosca (Puccini) 236
tragedia, amor y 165
traición en el amor 85
Un tranvía llamado deseo 228

tratamientos para el
amor 69
Tres Gracias *45*, 164
triángulos amorosos
86-87
Tristán e Iseo 165-166,
234, 236
Troilus y Cressida 21
trovadores 115

unicornio, virgen y,
leyenda 178-180

vals *117*, 117
venganza en la mujer
218
Venus *14*, 71, 80, 151,
159, *160*, 160, *163*,
164, 217
Viaticum (Constantino)
69
«Viento del oeste»
232
Virgen María 47, *179*,
201

virgen y unicornio,
leyenda de 179-180
virginidad 14, 199
virtud 47-50
Volpone (Ben Jonson)
119

Weil, Simone 32

Yeats, W. B. 9, 82
yin y *yang* 38

AGRADECIMIENTOS DE LOS TEXTOS

*El autor y los editores quieren expresar
su agradecimiento por el permiso
para reproducir el siguiente material sujeto
a derechos. Se ha intentado encontrar a los
propietarios de los derechos. Si hemos
omitido alguno, pedimos disculpas y, si
somos informados al respecto, realizaremos
las correcciones pertinentes en futuras
ediciones.*

Página 23 extracto de «Adulterio» de Thom
Gunn de *The Passages of Joy* reimpreso por
permiso de Faber and Faber Ltd, Londres, y
de *The Complete Poems* por Randall Jarrell.
Copyright © 1969, renovado 1997 por Mary
von S. Jarrell. Reimpreso por permiso de
Farrar Straus & Giroux, LLC., Nueva York;
29 «Yo soy tuya, tú eres mío» por Frau Ava
traducido por Willis Barnstone al inglés de
*A Book of Woman Poets from Antiquity to
Now*, por Willis Barnstone y Aliki
Barnstone, copyright © 1980 por Schocken
Books, una división de Random House,
Inc., utilizada con permiso de Schocke
Books, una división de Random House,
Inc.; **40** «En la despedida» por Anne Ridler
de *Collected Poems*, reimpreso con
permiso de Carcanet Press Ltd; **62** «Los
versos más tristes» de Pablo Neruda de
Selected Poems publicados por Jonathan
Cape, reimpreso con permiso de The
Random House Group; **83** «Cuando elogio»
de W.H.Davies de *The Collected Poems of
W.H.Davies* publicado por Jonathan Cape,
reimpreso con permiso de Mrs H.M.Davies
Will Trust, cortesía de Dee&Griffin,
Gloucester; **91** «Meslanges, 2, VI» por
Ronsard, traducido por Laurence Kitchen
de *Love Sonnets of the Renaissance*,
reimpreso con permiso de Forest Books;
120 extracto de «Fresas» de Edwin Morgan,
reimpreso con permiso de Carcanet Press

AGRADECIMIENTOS DE LOS TEXTOS

Ltd; **126** «Los que están cerca de mí» por Rabindranath Tagore de *The Collected Poems and Plays of Rabindranath Tagore*, reimpreso con permiso de Macmillan General Books, Londres y con permiso de Scribner, un sello de Simon & Schuster Adult Publishing Group, Nueva York, copyright © 1937 por Macmillan Publishing Company: copyright renovado © 1965; **131** extracto de «Una rosa perfecta» de Dorothy Parker de *The Collected Dorothy Parker*, reimpreso con permiso de Gerald Duckworth & Co. Ltd, Londres y de *Dorothy Parker: Complete Poems* de Dorothy Parker, © 1999 por The National Association for the Advancement of Colored People. Usado bajo permiso de Penguin, una división de Penguin Group (EE.UU.) Inc.; **153** extracto de «La novia» por Bella Akhmadulina traducido por Stephen Stepanchev de *A Book of Woman Poets from Antiquity to Now*, reimpreso por permiso de Schocken Books; **175** «Las tres caras» de Robert Graves de *Poems About Love*, reimpreso con permiso de Carcanet Press Ltd; **182** extracto de «Leda y el cisne» por W.B. Yeats de *The Collected Works of W.B. Yeats, Volume 1: The Poems, Revised*, editado por Richard J. Finneran, reimpreso con permiso de A.P. Watt Ltd, Londres, en nombre de Michael Yeats y con permiso de Scribner, un sello de Simon & Schuster Adult Publishing Group, Nueva York, copyright © 1928 por Macmillan Publishing Company, copyright renovado © 1956 por Georgie Yeats; **192** extracto de «Canción verde» por Edith Sitwell de *Collected Poems*, publicado por Sinclair-Stevenson, reimpreso con permiso de David Higham Associates; **205** extracto de *En Grand Central Station me senté y lloré* por Elizabeth Smart, reimpreso con permiso de The Estate of Elizabeth Smart y HarperCollins Publishers Ltd; **215** «El palacio de lluvia» de Yvan Goll traducido por Michael Hamburger de *German Poetry 1910-1975*, publicado por Carcanet Press Ltd, traducción © Michael Hamburger; **219** «Como Gulliver» de Nina Cassian traducido por Willis Barnstone y Matei Calinescu de *A Book of Woman Poets from Antiquity to Now* por Willis Barnstone y Aliki Barnstone, copyright © 1980 de Schocken Books, una división de Random House, Inc., empleado con permiso de Schocken Books, una división de Random House, Inc.; **230** extracto de *Essays in Love* de Alain de Botton, reimpreso con permiso de Picador/Macmillan General Books, Londres; **232-233** extracto de «Despedidas en tiempo de guerra» por Frances Cornford de *Frances Cornford Collected Poems*, publicado por Cresset Press, reimpreso con permiso de Trustees of Frances Crofts Cornford Deceased Will Trust; **235** «El susurro de su falda ha cesado» por Wu Ti traducido por Arthur Waley, de *A Hundred and Seventy Chinese Poems* reimpreso con el amable permiso de Constable & Robinson Ltd y con permiso de The Arthur Waley Estate.

CRÉDITOS DE LAS ILUSTRACIONES

El autor y los editores quieren agradecer a las siguientes personas, museos y archivos fotográficos su permiso para reproducir su material. Se han tomado todas las precauciones para mencionar a los propietarios de los derechos. Sin embargo, si hemos omitido alguno, pedimos disculpas y, si somos informados, incluiremos las correcciones en futuras ediciones.

Clave:
AA Art Archive, Londres
BAL Bridgeman Art Library, Londres

Página 1 British Library, Londres (BAL); **2** © Emma Turpin; **8** © Emma Turpin; **10-11** © Celia Birtwell, Londres; **12** © colección privada (BAL); **13** Musée Cluny, París (BAL); **14** Louvre, París (BAL); **15** Galería Borghese, Roma (AKG, Londres); **16** Victoria & Albert Museum, Londres (BAL); **19** colección privada (BAL); **20** British Library, Londres (BAL); **21** izquierda, colección privada; **21** derecha, Wolseley Fine Arts, Londres © cortesía del Estate of Eric Gill, Bridgeman Art Library; **22** © Emma Turpin; **24** izquierda y **25** derecha Rose Castle, Cumbria (BAL); **24** derecha, Museo diocesano de Solsona, Lérida (BAL); **26** Victoria & Albert Museum, Londres (AA); **27** colección privada (BAL); **30** derecha, Victoria & Albert Museum, Londres (BAL); **31** colección privada (BAL); **32** British Museum, Londres; **33** Fitzwilliam Museum, universidad de Cambridge (BAL); **34** colección privada (Christie's Images); **35** Museo del Prado, Madrid (AKG, Londres); **36** British Library, Londres (BAL); **37** © Emma Turpin; **38** Bibliothèque Nationale, París (BAL); **41** © Thurston Hopkins/Portfolio Ltd, Londres; **42-43** © Thurston Hopkins/Portfolio Ltd, Londres; **44** superior, British Library, Londres (BAL); **45** Musée Condé, Chantilly (AKG, Londres/Erich Lessing); **44, 45** y **46** detalles Musée Mobilier National, París (BAL); **46** Louvre, París (AKG, Londres/Erich Lessing); **47** superior, colección privada; **47** inferior National Gallery, Londres; **48** © Emma Turpin; **49** Kunsthistorisches Museum, Viena (BAL); **51** Museo Civico, Ascoli Piceno (AA); **52-53** National Gallery, Budapest (AA); **56** Colección privada; **56-57** Borough of Southwark, Londres (BAL); **58** University of Liverpool Art Gallery (BAL); **59** Wolsley Fine Arts, Londres © cortesía del Estate of Eric Gill, Bridgeman Art Library; **60-61** © Emma Turpin; **63** Wolseley Fine Arts, Londres © cortesía del Estate of Eric Gill, Bridgeman Art Library; **64-65** © Trevor Watson/Portfolio Ltd, Londres;

CRÉDITOS DE LAS ILUSTRACIONES

66-67 © Emma Turpin; **68** Victoria & Albert Museum, Londres (AKG, Londres); **71** The Wallace Collection, Londres (BAL); **72** Wolverhampton Art Gallery (BAL); **74** inferior, Victoria & Albert Museum, Londres (BAL); **75** © Emma Turpin; **76** Roy Miles Gallery, Londres (BAL); **78** National Gallery, Londres; **79** colección privada (David Lavender); **81** Musée Cluny, París (BAL); **83** Musée Bonnat, Bayona (AA); **84** Lutherhalle, Wittenberg (AKG, Londres); **86** Fine Art Society, Londres (BAL); **87** colección privada (AA); **89** © Roderick A. Field/Portfolio Ltd, Londres; **90-91** © Thurston Hopkins/Portfolio Ltd, Londres; **92** colección privada (BAL); **93** Musée Condé, Chantilly (BAL); **95** colección privada (AA); **96** Christopher Wood Gallery, Londres (BAL); **97** Ca'Rezzonico, Venecia (AA); **98** superior, Palazzo Ducale, Mantua (BAL); **98** inferior, Musée d'Orsay, París (AA); **100** Belvedere Galerie, Viena (AKG, Londres); **101** Bibliothèque Nationale, París (BAL); **102-103** © Emma Turpin; **104** Wolseley Fine Arts, Londres © cortesía del Estate of Eric Gill, Bridgeman Art Library; **106-107** © Emma Turpin; **108** Towneley Collection, British Museum, Londres (AKG, Londres); **110-111** © Emma Turpin; **113** Ca'Rezzonico, Venecia (AA); **114** Georgian State Picture Gallery, Tbilisi (BAL); **115** colección privada (BAL); **116** superior y **117** inferior, Victoria & Albert Museum, Londres (BAL); **116** inferior, Victoria & Albert Museum Londres (AA); **117** superior, Musée des Beaux-Arts, Lille (BAL); **119** Ca'Rezzonico, Venecia (AA); **120** British Library, Londres (AA); **121** superior e inferior, Museo de América, Madrid (BAL); **122-123** colección privada (JB Archive, Londres); **125** superior, colección privada (AA); **125** inferior National Gallery of Ireland, Dublín (BAL); **127** colección privada (BAL) © Estate of Stanley Spencer, 2004. Todos los derechos reservados, DACS; **128** superior, colección privada (DBP Archive); **128** inferior, Christie's, Londres (BAL); **129** superior colección privada (AA); **129** inferior colección privada; **130** colección privada (BAL); **131** © Gill Orsman, Londres; **132-133** Victoria & Albert Museum, Londres (BAL); **134** superior, colección privada; **134** inferior, © Emma Turpin; **135** superior, National Museum of American Art, Washington DC (BAL); **135** inferior, colección privada (Christie's Images, Londres); **136** colección privada (David Lavender); **137** colección privada; **139** © Richard McConnell, Londres; **140-141** © Caroline Arber/Portfolio Ltd, Londres; **142** superior, Bibliothèque Nationale, París (BAL); **142** inferior, colección privada (AKG, Londres); **143** Museo del Prado, Madrid (AKG, Londres); **145** colección privada (AKG, Londres); **146-147** Phillips Fine Art Auctioneers, Londres

(BAL); **149** detalles colección privada (DBP Archive); **149** colección privada (BAL); **150** Museo del Prado, Madrid (AA); **151** National Gallery, Londres (BAL); **152** Fitzwilliam Museum, universidad de Cambridge (BAL); **153** Wolseley Fine Art, Londres © cortesía del Estate of Eric Gill, Bridgeman Art Library; **154-155** colección privada (BAL); **156-157** © Emma Turpin; **158** National Gallery, Londres; **160** Duke of Sutherland Collection, National Gallery of Scotland (BAL); **161** Freud Museum, Londres (BAL); **162-163** galleria degli Uffizi, Florencia (AKG, Londres); **165** Museum der Bildenden Kunste, Leipzig (AKG, Londres); **167** Osterreichische Galerie, Viena (BAL); **168** superior, Maas Gallery, Londres (BAL); **168** inferior, colección privada (BAL); **170** Kunsthistorisches Museum, Viena (BAL); **172** British Library, Londres (BAL); **173** Musée d'Orsay, París (AA); **174** Victoria & Albert Museum, Londres (BAL); **176** colección privada (AA); **177** Whitford & Hughes, Londres (BAL); **178** Bibliothèque Nationale, París (BAL); **179** superior, Musée de Cluny (AKG, Londres); **181** superior, Louvre, París (BAL); **181** inferior, Victoria & Albert Museum, Londres (BAL); **183** Louvre, París (BAL); **185** Forbes Magazine Collection, Londres (BAL); **184** Roy Miles Gallery, Londres (BAL); **188-189** © Emma Turpin; **190** British Library, Londres (BAL); **191** superior, Kobal Collection, Londres; **191** inferior, Bibliothèque Nationale, París (BAL); **193** National Gallery, Londres (BAL); **195** Bibliothèque Nationale, París (AKG, Londres); **196** superior, Christie's, Londres (BAL); **196** inferior, colección privada (BAL); **197** National Museum, Estocolmo (BAL); **200** © Gill Orsman, Londres; **201** Musée Condé, Chantilly (BAL); **202** British Library, Londres (BAL); **203** Musée Rodin, París (AKG, Londres); **204** Taylor Gallery, Londres (BAL); **206** Musée des Beaux-Arts, Burdeos (BAL); **207** Wolseley Fine Arts, Londres © The Heirs of John Buckland Wright; **209** Louvre, París (AKG, Londres); **210** National Gallery of Hungarian Art, Budapest (AA); **211** © Emma Turpin; **214** Victoria & Albert Museum, Londres (BAL); **216** City of Bristol Museum & Art Gallery (BAL); **218** Forbes Magazine Collection, Londres (BAL); **220** Hessisches Landesmuseum, Darmstadt (BAL); **222** colección privada; **223** colección privada (BAL); **224** Tate Gallery, Londres (AA); **226-227** Museo del Prado, Madrid (BAL); **229** © Emma Turpin; **230-231** Fine-Lines, Warwickshire (BAL); **232** Victoria & Albert Museum, Londres (BAL); **233** © Amy Schuckburgh, Londres; **234** British Library, Londres (BAL); **237** Accademia, Venecia (BAL); **241-242** © Emma Turpin; **242** Musée Condé, Chantilly (BAL); **244-245** colección privada (BAL).